伟人成功故事

世界
大科学家
成功故事

张　哲◎编著

中国出版集团　现代出版社

图书在版编目（CIP）数据

世界大科学家成功故事 / 张哲编著. —北京：现代出版社，2012.12

（伟人成功故事）

ISBN 978-7-5143-0885-3

I. ①世… II. ①张… III. ①科学家—生平事迹—世界—通俗读物 IV. ①K816.1-49

中国版本图书馆 CIP 数据核字（2012）第 274794 号

作　者	张　哲
责任编辑	袁　涛
出版发行	现代出版社
地　址	北京市安定门外安华里 504 号
邮政编码	100011
电　话	(010) 64267325
传　真	(010) 64245264
电子邮箱	xiandai@cnpitc.com.cn
网　址	www.modernpress.com.cn
印　刷	汇昌印刷（天津）有限公司
开　本	700×1000　1/16
印　张	10
版　次	2013 年 1 月第 1 版　2021 年 3 月第 3 次印刷
书　号	ISBN 978-7-5143-0885-3
定　价	29.80 元

前言

在历史的长河中，对人类曾经和正在产生深远影响的人物灿若星河。他们因为睿智的目光和追求真理的精神，在自然科学、发明创造等领域作出了巨大的贡献，从而成为世界公认的科学巨匠。他们为后世留下了难以估量的财富，他们的贡献深深影响着整个社会的进程，我们没有理由不去记录他们的人生，剖析他们的深邃思想，点击他们的非凡智慧以及过人的勇气。

由于本书篇幅有限，我们筛选了人类历史上最具震撼力的 10 位大科学家：在天文学、数学、物理学等领域取得了非凡成就的牛顿；开创了放射学，迄今为止唯一一位两次获得诺贝尔奖的女科学家居里夫人……在本书中，我们从不同的视角，将他们的杰出事迹和不朽的精神立体地凸显在读者面前。因为他们的成长历程与重要成就，见证了宇宙的神秘和科学的伟大。正是因为有了一代代科学家无畏的努力和探索，人类文明前进的脚步，才会更加睿智而坚定。

本书除了公正地评价他们的人格和贡献外，还配有大量珍贵的历史图片，希望能使读者清晰地看到世界发展的轨迹，感受到每一个伟大时代的精神，牢记历史带给我们的经验和教训。让我们在对已经逝去的人们的凭吊中，期盼着更为光辉的人物出现。

目录

CONTENTS

哥白尼

尼古拉·哥白尼生活在中世纪的欧洲。那时，基督教是维护封建统治的精神支柱。那时，人们对于宇宙的认识被禁锢在以"地心说"为中心的观点中，地球居于宇宙中心的思想被赋予了特殊的宗教使命。

经过三十余年的研究，哥白尼勇敢地向世界宣告了一个崭新宇宙观的诞生。他将地球推下了宇宙中心的宝座，真实地告诉了后人是行星围绕太阳运行，而不是太阳、行星围绕地球运行的事实。这种看似观念上的小小"改动"，却成为了整个科学思想史上一座伟大的丰碑。

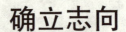

确立志向

　　哥白尼生活在文艺复兴运动高涨的时期。文艺复兴从意大利发源,它是发生在少数学者和艺术家之中的运动。目的是为了肯定人的价值,发展人的个性和才能。这是一场思想解放运动,迅速波及到了波兰和欧洲的其他国家,内容也扩展到艺术、历史、政治以及自然科学等领域。

　　哥白尼(1473—1543)所发动的天文学领域的革命则是整个近代自然科学革命中的第一阶段。第一个奋起捍卫哥白尼"地动日心说"的是意大利学者乔尔丹诺·布鲁诺。

　　1473年2月19日,哥白尼出生于波兰维斯瓦河下游托伦城一个富裕的家庭中。

　　他的童年可以分为截然不同的两个阶段:幸福的与不幸福的。在那段为时不长的幸福时光中,他与哥哥、姐姐们一直过着无忧无虑的生活。在父母的关爱下,哥白尼一天天长大。

　　1483年,在哥白尼10岁时,他的父亲被瘟疫夺去了生命,没多久,母亲也去世了,家庭巨变使少年哥白尼失去了家庭的温暖。哥白尼的两个姐姐被姨妈抚养,而哥白尼与哥哥安杰伊则由舅舅抚养。

　　哥白尼的舅舅并不是一个普通人。他从克拉科夫大学毕业后,接着又在意大利的博洛尼亚获得了法学博士学位。1489年成为瓦尔米亚地区受人尊敬的瓦兹洛德大主教。他不仅学识渊博,而且还是瓦尔米亚地区文艺复兴运动的先驱者。

　　在舅舅家里不久,哥白尼与安杰伊被舅舅送进了全波兰最优秀的学校之一——海乌姆诺中学。

　　光阴似箭。一晃8年过去了,哥白尼已由一个天真稚嫩的孩子成长为一名胸怀大志的青年。在舅舅身边度过的时光为哥白尼日后的科学研究打下了坚实的基础。

　　1491年秋天,刚满18岁的哥白尼就以优异的成绩迈进了位于波兰首都的克拉科夫大学。

↑哥白尼

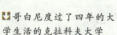

克拉科夫大学历史悠久、文化氛围浓厚,开设有法学、医学、人文艺术、神学等专业,其中的数学和天文学等学科领先于世界。瓦兹洛德主教也从这所闻名遐迩的学府毕业,学校内有主教的老师与朋友。出于对外甥的关心,瓦兹洛德主教认为没有哪所学校能比这里更加适合了。

哥白尼兄弟俩的学习是完全没有后顾之忧的,丰富的物质条件使他们能够安心学习。同时,瓦兹洛德主教也为外甥们计划好了一条前景平坦的人生之旅——他们将会成为波兰王国最出色的神职人员或者医生。

没有想到的是,在克拉科夫的学习生涯对于哥白尼来说,却是他成为一名流芳百世的天文学家的开始。

作为科学与艺术之都的克拉科夫,不仅吸引了无数大学生,也吸引了不少外国学者和各行业的知名人士。1471年,著名诗人卡里玛赫进入王宫任教,为王子们带去了新的人文主义思想。瓦兹洛德主教也是他的挚友,所以他对哥白尼兄弟格外关心,卡里玛赫经常为他们兄弟俩灌输意大利人文主义思想的精髓。

在克拉科夫大学任数学和天文学教授的沃伊切赫对哥白尼产生了很大的影响。这位导师无论在学识、道德或是信仰方面都成为哥白尼的楷模。哥白尼积极参加有关天文学的各种学术讨论会,并阅读了大量古希腊时期的优秀典籍。从此,哥白尼对于天文学的学习和研究到了痴迷的地步,他决定选择天文学作为终生的目标去奋斗。

哥白尼度过了四年的大学生活的克拉科夫大学

初露头角

↑ 古天文学家托勒密画像

著名的托勒密宇宙体系是古天文学家托勒密建构的,在天文学中统治长达 1300 年之久。《至大论》是这个体系所推崇的全部思想。在书中,托勒密认为地球是处于宇宙的绝对中心的一个圆球形的天体,在它之外,以距离地球的远近不同分别居住着月亮、水星、金星、太阳、火星、木星、土星、恒星与原动力天层(这就是托勒密设想的"九重天")。在最外层的宇宙边界原动力天层中,居住着无所不能的上帝,正是由于他的推动,各天层中的天体才能自西向东围绕地球旋转。

托勒密的宇宙体系不仅是对一种天体现象的阐述,同时也附会于人间的等级结构,越往高处越进入神圣美妙的境地。

另外,托勒密又为自己的体系中加入了"偏心圆"与"对称点"的概念。这样,本轮、均轮、偏心圆与对称点便组成了托勒密天文学体系的基本骨架,并且以抽象的几何图形分别描述了每个天体的视运动。虽然这些在数学形式上可以暂时说得通,但要使理论与实际观测到的各种复杂的天体现象相吻合,实在是既牵强又烦琐。

作为天文学方面最具权威的著作,哥白尼开始潜心研究《至大论》。这个理论对哥白尼的思想产生了很大影响,在后来的《天体运行论》中,哥白尼也并没有完全舍弃其理论的基本骨架。

↑ 托勒玫体系的宇宙图

1493 年,哥白尼与导师沃伊切赫利用"捕星器"、"三弧仪"等仪器成功地观测了两次月食和一次日食并作了详细记录。观测之后,哥白尼开始对这长久以来主宰人们思想的理论体系产生怀疑。

四年的大学生涯即将结束,哥白尼向老师沃伊切赫表明了自己对托勒密这位大师的种种疑问。哥白尼和老师观测到行星的不均匀运行,他认为这恰恰说明地球并

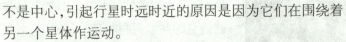

不是中心，引起行星时远时近的原因是因为它们在围绕着另一个星体作运动。

新理论使卡里玛赫与沃伊切赫深感震惊，因为哥白尼对托勒密体系的挑战不仅是一种天文学上的变革，而且也是同亚里士多德物理学的一种决裂；不仅是一种宇宙图像方面的改变，而且也是对当时宗教情绪和精神生活方式的挑战。面对这个年轻人，两位老师似乎都感觉到了一场科学风暴即将来临。

1495年，哥白尼从克拉科夫大学毕业返回到舅舅身边，弗龙堡大教堂神父会的候选名单上添上了哥白尼的名字。担任神职人员对于哥白尼来说，最大的诱惑在于可以得到继续学习与深造的机会。由于教会急需精通教会法的人才，所以，舅舅决定让哥白尼到意大利学教会法律。

哥白尼于1496年终于来到了自己心仪已久的地方，文艺复兴运动的发源地——意大利。

博洛尼亚大学这所欧洲最古老的名牌大学就坐落在这块美丽浪漫的亚平宁半岛上。它就像它所处的这座城市一样，空气自由、生机勃勃。入校后不久，哥白尼加入了在当时以人数最多、势力最强著称的"德意志同乡会"。

在博洛尼亚大学学习期间，哥白尼住在著名的天文学家、占星学家和文艺复兴的领导人达·诺瓦拉家中。诺瓦拉不仅亲自测量过南欧的一些城市纬度，他还发现了黄道逐渐变化的倾角。他坚信自己得出的事实，并怀疑托勒密体系；他信奉毕达哥拉斯的以简单的几何图形或数字关系表述宇宙的原则而决非《至大论》中描述的那么烦琐的构成。

1497年3月9日，这天的夜晚星光灿烂。哥白尼与老师诺瓦拉在这不同寻常的夜晚，进行了一次被载入了天文学史册的重要的星相观测。在耐心的等待下，金牛座的一

细心的哥白尼通过观察月亮盈缺的变化，指出了托勒密月球理论中的错误之处。

手持"地动日心说"模型的哥白尼塑像位于波兰首都华沙。

等明星"毕宿五"突然间消失了。但是遮挡它的并非月亮明亮的那部分，而是黑黑的阴影部分。

在整个观测过程中，师生二人认真地对所看到的一切作了周密详尽的记录。通过相关数据演算，他们得出了这样的结论：无论月亮距离地球远近，在其亏缺或盈满时，它的大小都无任何改变。而托勒密却认为，上下弦的月亮离开地球的距离比满月时缩短了1/2，也就是说，上下弦的月亮离地球近，满月时离地球远。可我们知道，平日看到的物体，距离越近，物体看起来越大。如果承认托勒密的理论是对的，那么就只能做这样的解释：上下弦月亮在靠近地球时，自身会变小（当月亮的直径缩短1/2时，体积则要缩小至1/8），反之，满月时体积又会变大。这样的话，月亮每隔两个星期就得改变自身的大小。今天看来，这简直是个荒谬的结论！

哥白尼与老师得出的新的结果无疑将托勒密的月球理论推向了一个漏洞百出、摇摇欲坠的境地。很快，他们在天文学方面的新发现就成为了学术界的头号新闻。哥白尼的名字传遍了整个意大利。

1500年，新的世纪来临之时，哥白尼来到了古罗马帝国的发源地，在此作了公开的数学演讲。1501年夏季，经神父会同意，哥白尼来到了著名的帕多瓦大学留学。但神父会对哥白尼选择学业方面做了限制：必须研习医学。帕多瓦的医学与法学是当时欧洲最有名的。

在学习医学的同时，哥白尼最为关注的依然是天文学。他专程拜访了帕多瓦大学的著名天文学教授弗拉卡斯多罗。在这位知识渊博的学者的建议下，哥白尼开始重新拜读古希腊及古罗马的哲学著作和天文学论著。如今，长久以来占据哥白尼脑海的日心说理论在他的心中已初具轮廓。七年的留学生涯已经使哥白尼由一位学生逐渐成为一位优秀的青年学者。

地球的形状与运动

　　哥白尼发现早在公元前5世纪末，毕达哥拉斯学派的费罗劳斯就已提出了与传统说法背道而驰的"日心地动说"。其推测宇宙的中心是一团永不熄灭的火焰。地球、太阳、月亮一同在倾斜的轨道上绕着火焰运动。这是有史以来记载的有关地球运行的最早推测。200年后，继承这一说法的又一位勇士阿利斯塔克明确地指出，太阳是宇宙的中心，地球围绕着太阳运行。古人的思想与认识虽然仅局限于一种猜测与推论，但却给了哥白尼巨大的启迪。在前人的基础理论上，哥白尼开始了漫长的探索。

🔼 麦哲伦环航图

　　1522年9月6日，葡萄牙航海家麦哲伦的环球航行，证明了大地球形理论的正确性；同时也纠正了托勒密地球周长值的误差。

　　哥白尼将地球运动所带来的现象归纳总结为"三重运动"。第一重表现为昼夜的变化；第二重为周年运动；第三重是"倾角运动"，也称"赤纬运动"。"三重运动"构成了哥白尼日后震惊世界的"地动日心说"理论的重要部分。从这时起，哥白尼的理论一步步地构筑起来。

　　正当哥白尼在帕多瓦大学潜心攻读医学、准备申请学位时，法国入侵意大利的战争爆发了。意大利北部的地区被战火与硝烟所笼罩，哥白尼不得不终止了未完的学业。

　　满怀着革新精神和丰富的天文学知识的哥白尼回到

🔼 哥白尼的故乡

久违的故乡瓦尔米亚。舅舅瓦兹洛德主教已年近六旬，他欣慰地看到了外甥身上的巨大变化。这时的哥白尼不仅获得了教会法博士学位，还学习了拉丁语、希腊语、占星学、文学和医学等。另外，他在意大利与波兰的天文学及数学专业领域

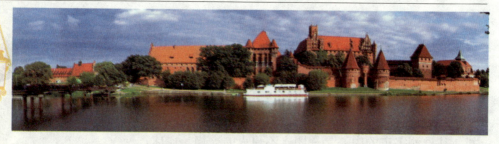

▲ 条顿骑士团的马尔堡城堡

里已小有成就。瓦兹洛德主教的心血没有白费,他很希望两位外甥中能有一位成为自己的继承人。于是,回国后的哥白尼成了瓦兹洛德主教的秘书、助手兼保健医生。

15 世纪中叶,普鲁士联盟起事反抗条顿骑士团。波兰支持普鲁士联盟,向条顿骑士团宣战,终于爆发一场历经13 年之久的血腥战争。

这时的波兰随着各部落的重新统一,国力一天天强大起来。最终他们将十字骑士团的首都马尔博克、埃尔布拉格以及整个瓦尔米亚教区都夺了过来,这些地区从此直接受波兰国王的管辖,被称为王属普鲁士。

但是,十字骑士团并没有罢休。他们将失败视为奇耻大辱,为了重新夺回王属普鲁士,他们不断地在这片地区挑起争端,引发战争。

瓦兹洛德主教忧心忡忡,瓦尔米亚随时都有可能爆发新的战争。1504 年 2 月,哥白尼被派回了家乡托伦做紧张的筹备工作。不久,在瓦尔米亚主教与哥白尼的陪同下,波兰国王与王后巡视了整个地区,所到之处得到了市民们热烈的欢迎。国王表示在普鲁士与十字骑士团的问题上一定会成为王属普鲁士的坚强后盾。

▲ 在深思的哥白尼

从 1503 年至 1510 年的 7 年中,哥白尼先后担任了瓦尔米亚主教的保健医生、神父会的视察员、主教的私人秘书及顾问等职务。他的博学与智慧使他为瓦尔米亚解决了一系列既复杂又棘手的问题。他的政治影响逐渐波及到整个普鲁士,在全波兰已小有名气。

《浅说关于天体运动的假设》

16世纪的波兰因为地处东西欧的交通要塞,所以较早地受到了从意大利传播而来的文艺复兴运动的影响。在这种相对宽松、自由的文化环境中,哥白尼决定将自己多年来的研究与发现详尽地总结归纳出来。

因为此事,哥白尼与舅舅之间产生了难以调和的矛盾。瓦兹洛德主教深知教会的严厉与顽固,外甥的新学说一旦公开发表,等待他的就不再会是眼前的似锦前程。教会对待"异端邪说"的酷刑令人毛骨悚然。但舅舅的苦心规劝并没有动摇哥白尼对真理的执著追求。

1507年春天,哥白尼开始撰写他的第一篇天文学论文《浅说关于天体运动的假设》(简称《浅说》)。从标题我们可以看出这位科学家严谨的科学信念,他不依据权威,不依据直观,而是把它建立在证据的基础上。

潜心于天文学研究的同时,哥白尼经常会想起与舅舅之间发生的冲突,这令他十分不安。尽管两人对科学与世俗之间没有统一的意见,但哥白尼仍然非常敬爱这位带领自己走上科学之路的老人。于是,他花了很多时间大量翻译舅舅喜欢的文学作品。1509年,以这些译文为内容,他出版了一本拉丁文的拜占廷作家泰奥菲拉克特斯·西莫卡塔的名为《道德、田园与爱情信札》的书。这部作品风格自由、清新,轻松与严肃并存,放纵与苛求融为一体。这本新出版的书被作为礼物送给了舅舅。

1512年3月,噩耗从利兹巴克城堡传来,哥白尼的舅舅去世了。舅舅的去世,对哥白尼产生了巨大的影响。他不仅失去了一位严慈的长辈,而且也失去了一位强有力的庇护者。

1510年年底,作为哥白尼早

哥白尼的理论,完整地解释天空的动作,但它依赖于地球和其他行星围绕太阳。

这是一幅非常著名的关于哥白尼"地动日心说"的示意图（6颗行星在圆形轨道上运行）。

期科学研究的成果，《浅说》终于完成了。这篇天文学论文是以书信形式撰写而成的，其内容宣扬了一种与托勒密理论背道而驰的思想。书中哥白尼首先就早年观测到的行星的不均匀现象发出了疑问，如果用托勒密的偏心圆、本轮、均轮来解释的话均不合理。对此，哥白尼提出了天体及其轨道和运动的七项原则：

1. 对所有的天体及其轨道而言，不存在一个共同的中心；

2. 地球中心并非宇宙中心，而是引力中心和月球轨道中心；

3. 宇宙的中心处于太阳附近，所有天体都围绕太阳运转；

4. 地球到太阳的距离同天穹高度之比，就如同地球半径同地球与太阳间距之比一样悬殊；

5. 地球每日在作 24 小时的周日运动（自转）；

6. 太阳运动的现象，并非自身造成，而是由地球及大气层的运动所引起；

7. 地球运动的本身造成了人们的观测错觉，引发了行星的视顺行或视逆行运动。

《浅说》中地球自转与公转理论可谓是一种骇世惊俗的观点。它使地球成为了一颗不断运动的行星，它打破了亚里士多德物理学中天地截然有别的界限，以及亚里士多德的绝对运动概念，引入了运动相对性的观念。这样一来，基督教神学中赋予人类在宇宙间的重要地位便很难再像以前那样归结到人类身上了。

哥白尼在波兰东北部波罗的海海边的弗龙堡度过了一生中的大部分时光。1510 年秋天，哥白尼离开了主教官邸来到了瓦尔米亚神父会所在地弗龙堡，作为一名神父在这里度过了 30 余年的时间。这里记录着他对科学的执著与追求。与其他神父们悠然、轻松的工作不同，哥白尼先后在这里担任了多个重要的教会职务。他是神父会会员之一，神父会由 16 位成员组成。在当时"政教合一"的制度下，这里掌握着整个瓦尔米亚主教区的行政、司法、赋税以及各种宗教事务等大权。

1510 年年底，哥白尼开始负责神父会的两大庄园——奥尔什丁与皮耶宁日诺（包含了 119 个自然村庄）的财产收缴和管理工作。哥白尼在管理与经济方面采取的一种宽松、人道的政策吸引了更多的移民来耕种空闲的土地，然后向对粮食及农副产品需求极大的西欧各国出口，使瓦尔米亚的经济状况得到了良好的改善。哥白尼对工作的兢兢业业得到了神父会的高度评价。

勇敢的和平主义者

位于弗龙堡西北角处的一座塔楼，自 17 世纪至今一直被称做"哥白尼楼"，而且得到了完好的保护。步入这座历史悠久的塔楼，可以看到一幅惟妙惟肖的巨型画像。画中人正是尼古拉·哥白尼。

这座北欧风格的建筑是他来弗龙堡后不久，花了 175 个格利夫买下的。从天文学家的角度出发，这儿的确是一个很好的天象观测场所。地势较高，视野开阔。哥白尼对塔楼又作了一些小小的改建，添置了视差仪、象限仪、星盘等观测仪器。以后的 30 余年，这里就成为他的天文工作室。

虽然北方潮湿多雾的地理因素干扰了观测的能见度，但令人惊奇的是，利用这些简陋平凡的仪器，哥白尼却测出了一系列非常精确的重要观测数据。

多年观测得出的大量精确、完整的天文资料使哥白尼决心将《浅说》中的多种论点进行更详尽、深入的论证。不朽的名著《天体运行论》这时在他的脑中已孕育良久。但是瓦尔米亚地区的经济

世界大科学家成功故事

弗龙堡是位于波兰东北部的一座偏僻小城。哥白尼自留学归来直至生命的最后一刻，其中 30 多年都在弗龙堡大教堂中度过。

危机迫使哥白尼一度停下了手中的研究。

在哥白尼所生活的时代，欧洲各国的货币制度还是沿袭了中世纪早期的方法。其规定货币中必须含有一定比例的贵金属。货币价值视贵金属含量的大小而定。这样，即使是不同种类的新旧货币同时出现，也会因其含有贵金属而可以同样兑换与流通。

但是，波兰各地的铸币大权往往由贵族阶层们所掌握。这些当权者们为了自己的利益不断减少货币中的金银含量。这自然带来了货币贬值、物价上涨的结果。邻敌十字骑士团也铸造了大量伪币投放到波兰及瓦尔米亚地区，如此混乱的局面最终导致了克拉科夫的国家造币厂关闭。

货币问题亟待解决。1517年8月，哥白尼写出了关于货币改革问题的第一个纲要《深思熟虑》。

1522年，一项创造性的新主张由哥白尼首先提出——统一王国货币制度。并且针对各地的具体情况分别提出了详细的过渡方案。在长达14年的时间里，哥白尼拒绝使用旧币。他一直不断地与陈腐僵化的制度作斗争，就如同在天文学领域掀起的革命一样令人振奋。

1519年，十字骑士团武装匪徒们的侵扰活动日益加剧。1520年12月，波兰王国的军队正式向十字骑士团所属的地区发起进攻。这时，十字骑士团军队避重就轻，攻占了离弗龙堡仅10千米之遥的布拉列沃城堡。这使整个弗龙堡都笼罩在战争的阴云中。

在两国之间激烈的厮杀中，哥白尼和瓦尔米亚的一位副主教斯库尔泰蒂挺身而出，作为教会使者，他们拜见了敌国的首领阿尔布雷希特。但是在谈判桌上双方首领各不相让，这次交涉最终未能取得结果。

1520年1月，作为神父会行政主管的哥白尼来到了奥尔什丁地区，负责奥尔什丁城堡的物资管理以及修建抵御工事等重要工作。

1521年新年之后，骑士团

十字骑士团武

🔼 战争的阴影

最高首领阿尔布雷希特亲自率领一支 5000 人的部队向奥尔什丁城堡逼近,并捎了一封咄咄逼人的信函交给司令官,要求立即打开城门举手投降,否则便将这座城市夷为平地。恐吓与威胁只能使懦弱的人退缩,哥白尼与战友们丝毫没有撤退的念头,相反却更加亲密、更加团结。

后来,战争最终因为十字骑士团军队内部的骚乱、经济方面的危机以及人员伤亡的严重而宣告结束。1521 年 4 月 5 日,双方在波兰达成《托伦停火协议》。

噩梦终于过去了,但是战争的阴影却并没有消散。到处是一片废墟,随处可见饥饿的人群。恢复经济生产与社会秩序是当前的首要工作。在哥白尼的请求下,神父会和贵族们纷纷捐出部分钱款、衣物、粮食来救济受难的人们。在生产方面,哥白尼决定减租减税,鼓励农民们尽快开垦被遗弃与践踏的土地。

哥白尼在战场上英勇无畏的精神与顽强斗争的决心保住了瓦尔米亚大片的土地。为此,波兰人民赞誉他为全波兰的战斗英雄。1521 年 6 月,神父会一致同意推选哥白尼为瓦尔米亚地区专员。

震撼神坛的声音——《天体运行论》

人们平静的生活被战争的炮火打乱了,也一度打断了《天体运行论》的整理与进展工作。当重新回到弗龙堡的哥白尼再一次抚摸着熟悉的观测仪器,眺望着窗外蔚蓝的波罗的海时,他的心中无限感慨。

历史的指针指向了 16 世纪 30 年代,哥白尼已不再年轻。在周围人的眼中,他成了一位令人敬畏、学识渊博却又使人不敢接近的老人。他只有靠着与在王宫工作的大学好友伯纳德·瓦波夫斯基的书信来往来了解外部的世界。

↑ 马丁·路德

这个时期，哥白尼身边的世界发生了一些新的变化。以马丁·路德为代表的路德新教对天主教与罗马教廷发出了要求宗教改革的巨大呼声。

事实上，对路德教来说，哥白尼是一个危险的人物。他们严禁"地动日心说"理论的传播，并对哥白尼要将科学从神学中解放出来的精神感到不满与恐慌。

此后多年，哥白尼一直承受着种种精神上的压力和打击，但他表现出的勇敢与坚强更胜于当年战场上的哥白尼。他相信自己的理论不是建立在想像与推测之上，而是建立在科学的实践与计算的强有力的基础之上。

在哥白尼进入暮年之后，一位女性出现在哥白尼身边，她叫安娜·希林。安娜出生于波兰的一个贵族家庭，一个偶然的机会，二十多岁的安娜认识了哥白尼，并对全波兰一流的神父萌发了深深的爱意。她不顾一切阻力，来到了哥白尼的身边，改变了哥白尼孤寂的生活。她的温柔体贴使年老的哥白尼感受到了爱情的温暖。

1537年，扬·丹蒂谢克成了新任主教。丹蒂谢克在出任海乌姆诺主教时，曾对哥白尼发出过几次邀请，但均被一一回绝了，这件事令丹蒂谢克一直耿耿于怀。因此，丹蒂谢克四处散播谣言对哥白尼进行恶语中伤，并强行对弗龙堡大教堂的教长下令，要求将安娜逐出弗龙堡。在一个寒风刺骨的冬夜里，安娜与哥白尼作了最后的告别。

↑ 哥白尼手稿

安娜的离去，教会的排挤，使老年哥白尼备感悲凉，唯一支撑他精神的就是那本《天体运行论》。这部巨著在最后修改完善中，还有一位年轻人功不可没，他就是哥白尼的弟子耶日·约阿希姆劳顿（又叫雷蒂克）。

这位满腹才华的青年22岁时已是德国威丁堡大学的数学和天文学教授了。1539年5月，他不顾教会领袖人物对日心说的强烈反对，来到了他敬仰已久的大师哥白尼身旁。此后的两年多时间里，雷蒂克专心研读了《天体运行论》的全部手稿，对"地动日心说"有了更深刻的理解和认识。在雷蒂克的协助下，哥白尼将10年前完成的手稿重新整理，并且补充了新的见解和内容。

这一年夏季，受海乌姆诺主教的邀请，哥白尼与弟子雷蒂克来到了主教驻地卢巴瓦。在这里，三人共同商讨了巨著的修改与出版事宜。但是，日心说理论一旦公开，将会直接动摇神学统治的理论基础。对于一切与封建神学对抗的新思想，教会常常会加以攻击迫害。这正是令哥白尼犹豫不决的主要原因。吉斯主教与雷蒂克深深明白书中蕴涵的巨大的科学价值。在两人的苦心劝说下，哥白尼终于决定摆脱这令人生畏的宗教压力，将这本凝聚着毕生心血的《天体运行论》付梓出版。

在 1533 年的一个充满着生机与阳光的季节里，哥白尼请来了几位多年来与自己同舟共济的挚友。他激动而又庄严地向大家宣布，花费了自己将近 30 年心血的巨著《天体运行论》已经完成了。

哥白尼在这部书中阐述的是准备推翻统治天文学千年之久的托勒密宇宙体系的一种新理论，它要将人类从被蒙蔽的幻觉中解放出来。所以，书中的观测现象与数据记录的精确度尤为重要，对于任何细微的环节都必须慎之又慎。这次聚会之后，哥白尼便全身心地投入到这部书稿的整理与修改工作中。

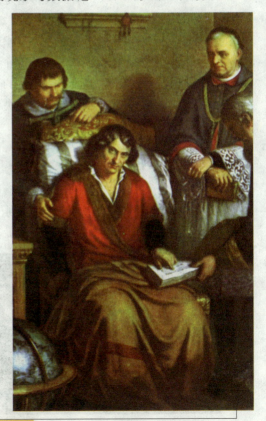

画面中这位远离我们近 500 年之久的历史巨人，终于在弥留之际看到了印刷出版的《天体运行论》。

1543 年 5 月，历经磨难的巨著《天体运行论》终于在德国纽伦堡出版了。

全书共分 6 卷。第一卷可谓全书的精华，共 14 章。论述了地球围绕太阳进行自转与公转的概念，全部星空的周日旋转实际上是由地球自转造成的。人类感到的黎明与傍晚也正是地球由西向东绕轴自转的结果。哥白尼还指出地球存在着第三种运动"倾斜面运动"。它使地球自转轴在公转时与黄道面保持固定夹角，从而形成了地球上的四季差别。第 3 章"大地和水如何构成统一的球体"的主标题下，哥白尼批驳了水的容积比大地体积大的陈旧观点，并举出了大量实例证明。最后这样总结：大地既不是平面，也并非鼓形、碗状或凹形、

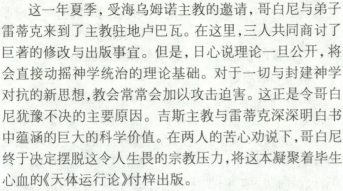

柱体,而是哲学家们所主张的完美的圆球。因为只有球形才符合"自然法则"。接下来的几章中,哥白尼分别讲到了地球的位置所在,天与地、宏观与微观的关系以及太阳位于宇宙中心的思想。

在第10章中,哥白尼重新排列了"天球的顺序"。最终构造出了这样一幅新的宇宙图景:最外层是恒星天球,静止不动的它构成了行星运动的参考背景,最远的土星以30年的周期绕太阳公转一周。后面依次是木星,周期为12年;火星周期为2年;地球与月亮以每年一次的速度公转,金星周期为9个月;离太阳最近的水星88天便绕太阳公转一周。他的计算结果与今天我们借助各类高精密仪器所测量的各类数据可以说是惊人的相似。

第二卷哥白尼运用了三角学原理系统论述了球面天文学和天体的视运动。卷尾还附上一张含有上千颗恒星的详细星表。第三卷对发生岁差的原因给予了正确的解释。认为这是地球自转轴的方向变化引起的。其余的3卷,他用了大量的篇幅专门探讨了月球的运动、五大行星的运行轨道和运行规律等重要内容。

《天体运行论》文字流畅、浅显易懂,有着激情的表述和逻辑严密的说服力。它的诞生为人类在天文学历史上树立起了一块不朽的丰碑。

1543年5月24日,哥白尼在弗龙堡辞世,葬在弗龙堡大教堂,坟墓没有任何标记,坟墓的具体位置几个世纪以来一直不明。2005年学术界人士在教堂内找到一名70岁男子遗骸,后经遗骨面部复原和DNA检测,确认遗骸是哥白尼。2010年5月22日,哥白尼的遗骨在弗龙堡大教堂重新下葬。

最后一个春天

从构思到出版,《天体运行论》花费了哥白尼36年的时光。在这漫长的36年中,哥白尼经历了复杂的货币改革,可怕的战场烟云,承受了令人畏惧的宗教压力与伤心的爱情别离……

1542年12月,为科学奋斗了一生的哥白尼再也不能重新站起来了。他患上了脑溢血,右边的身体已经失去知觉。病魔折磨着这位历经磨难的老人。第二年的春天到了,弗龙堡依旧是春光烂漫,绿草如茵。可是哥

白尼的健康却并没有因为春天的到来得到丝毫的好转，长期的卧床生活与可怕的病魔将他折磨得奄奄一息。

1543年5月24日，当这部还散发着浓郁的油墨气味的伟大巨著送到哥白尼面前时，这位既聋又盲的老人只能用干瘪的、冰冷的双手颤抖地抚摸着自己期盼已久的著作。他无力地张了张嘴，却什么也没说出来。1小时之后，老人闭上了双眼，永远地告别了这个他眷恋的世界和他为之奋斗一生的天文学事业。开创一个科学新时代的巨人就这样离开了我们，波兰人民对他的去世悲痛欲绝。他们失去了一位可敬的神父，一位勇敢的代言人，一位伟大的科学家。

哥白尼的日心说的发表使人类在宇宙中的地位发生了深刻的变化。地球再也不是中古时代人们所认为的那样，是一切事物的中心。在《天体运行论》中，它仅仅是一颗并不特别显赫的行星。这个学说本来应当有伤人类的自尊心，但实际却恰恰相反，正因为哥白尼在科学上的突破与辉煌的胜利，才使得人类的自尊在科学面前得以重新复活。

尽管教会一再禁止传阅哥白尼的伟大著作，但是他的理论却被越来越多的人们所认可和接受。它发出了越来越耀眼的光芒。他的思想与学说深深烙在后人们的心中。意大利科学家布鲁诺为了捍卫哥白尼的日心说被教会残忍地处以火刑。还有更多的后来者并没有屈服在教会的淫威之下，开普勒、伽利略、牛顿这些不屈的追随者们终于将它完善、发展成为一门完整的科学体系。

哥白尼这位伟大的先驱者，他为长期笼罩在黑暗迷雾中的自然科学带来了希望的曙光。正是因为他的存在，人类才改变了对世界的看法，自然科学才因此而迈上了一条奇伟而壮丽的旅程。

1830年，波兰首都华沙终于竖立起了哥白尼纪念碑。"日心说"理论在这位巨人手中紧紧高举。它使波兰人民在艰难的被奴役时期也时刻能想起自己的伟大同胞。

大事年表

1473 年	2 月 19 日生于波兰的托伦城。
1483 年	瘟疫夺去了父母的生命。进入海乌姆诺中学。
1491 年	进入克拉科夫大学学习。
1493 年	观测了两次月食、一次日食,并作了详细记录。
1495 年	从克拉科夫大学毕业。
1496 年	离开波兰,前往意大利。
1500 年	在罗马大学作公开的数学演讲。
1501 年	到帕多瓦大学学习医学。
1507 年	着手撰写天文学论文《浅说关于天体运动的假设》。
1510 年	负责奥尔什丁和皮耶宁日诺两大庄园区的财产收缴和管理工作。
1517 年	写出《深思熟虑》的货币改革问题的第一纲要。
1520 年	波兰和十字骑士团间的战争爆发。
1533 年	完成《天体运行论》。
1543 年	《天体运行论》在德国出版。
	5 月 24 日,哥白尼死于脑溢血,安葬在弗龙堡教堂内。

伽利略

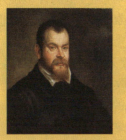

17世纪初，一个天才的意大利人用他灵巧的双手制成了一架望远镜，并将它对准了遥远的天空。令人吃惊的景象在他的眼前一一掠过，结果，天空的秘密被他发现，现代科学的帷幕缓缓拉开。他就是意大利人最引以为荣的科学家——伽利略。

在宗教统治科学的16世纪，他酷爱真理甚于自己的生命。虽然，他被罗马宗教裁判所判为异端邪说罪而遭终生监禁，但他却一刻也未停止传播真理的坚定步伐。他的成果从力学、运动学到声学、光学以及宇宙体系无所不包，他的思想影响了整个人类对世界的思考方式。正是他将近代科学引上了历史的舞台，人们因此尊称他为"近代科学之父"！

确立目标

中世纪的欧洲，宗教凌驾于一切权力之上，教会的统治专制很强大，科学技术受到长达1000余年的压制，从而完全停滞在古希腊时代。那时，人们对自然界认识的深度和广度都很有限。很多对自然现象的解释都来源于古希腊的几位伟人，尤其是亚里士多德那富于思考的大脑。由于亚里士多德的某些思想与《圣经》里的许多观点不谋而合，因此，亚里士多德被教会奉为圣人，他的理论也被认为是不可动摇的金科玉律。

为了维护宗教的权威，教会完全禁止任何与《圣经》内容相悖的言论。如果有谁胆敢指出他们的解释是错误的，那么他一定是反亚里士多德的，也就是反《圣经》、反教会的异端，将受到宗教裁判的残酷惩罚。

14世纪初叶，文艺复兴运动便在欧洲大地上拉开了帷幕。人类从神权束缚的中世纪的黑暗中走出来，寻找理智与自由。但丁、波提切利、达·芬奇、米开朗琪罗、拉斐尔等一批杰出艺术家的出现，将这场运动一步步推向了艺术的顶峰，也最大限度地将人性解放了出来。尽管那时艺术早已达到空前绝后的高度，但科学想要突破教会的桎梏，改写经院哲学的世界观，仍需经历一段漫长而艰辛的磨难。

1564年2月15日，在意大利西北部比萨城里一个衰落的望族家庭里，文森西奥·伽利莱和妻子朱利娅夫妇欣喜地迎接了长子——伽利略的到来。文森西奥·伽利莱是一位非常出色的音乐家和数学家，在意大利颇有声望。他是音乐方面许多革命性观念的创始人，他反对一

⬆ 伽利略和同学在河边玩打水漂。

⬆ 建于1174年的比萨斜塔，就坐落在伽利略出生的地方——意大利西北部比萨城。

切僵化的思想和陈腐的观念，反对盲目地接受前人遗留下来的知识，文森西奥·伽利莱这种反叛的思想遗传给了伽利略。这一点在伽利略的一生中表露无遗。

文森西奥请了一个又一个家庭教师教授伽利略学习。小时候的伽利略聪明好学，对周围的一切充满了好奇。伽利略对艺术有着非凡的领悟力，画得一手好画，弹得一手好琴，但是出于经济上的考虑，也为了挽救他们家族日渐衰败的颓唐之势，恢复昔日的荣耀与地位，文森西奥决定让他的儿子去学医。因为，当时的医生是一个很受人尊敬的职业，收入几乎是一位数学家收入的 30 倍。

1574 年，在伽利略 10 岁时，他们全家迁居到了佛罗伦萨。为了儿子以后能够进入比萨大学学医，1579 年文森西奥把伽利略送进了瓦隆布罗萨的一所教会学校。

在这所教会学校里，伽利略勤奋地学习宗教和哲学。渐渐的，他决心献身于宗教，当一名修士。除了读书，他对修道院以外的生活不再有任何兴趣了。这个想法吓坏了父亲，鉴于恢复家业的想法，他强迫伽利略离开这所学校。

1581 年，遵从父亲的意愿，17 岁的伽利略开始进入比萨大学学医。但他一直对医学没有兴趣。他是一个富有才华的年轻人，他总是利用课余时间去听一些其他的讲座。不久，他发现了自己的真正爱好和兴趣所在——数学。

那时比萨大学还没有专职的数学教授。宫廷数学家奥斯蒂洛·里奇受邀到比萨大学做过几次欧几里得几何学的讲演。讲演深深地吸引了伽利略，他经常在里奇的讲座结束之后提一些寻根究底的问题。伽利略极强的领悟力和非凡的才智立即引起这位数学教授的注意。最终，在里奇教授的劝说下，伽利略违背了父亲的意愿，在第一学年结束之前放弃了医学，带着极大的热情去学习数学。

世界大科学家成功故事

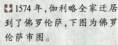
1574 年，伽利略全家迁居到了佛罗伦萨，下图为佛罗伦萨市图。

新时代的阿基米德

宫廷数学家里奇把伽利略作为一个思维清晰的数学家而给予尊重。他给予了伽利略极大的帮助。

就在伽利略在比萨大学读书期间，一次枯燥的布道让他做出了一生中第一个重要的科学发现。这也就是伽利略发现的摆的周期定律。

1583 年的一个星期天，伽利略像往常一样去教堂做礼拜。神父乏味的布道使他十分厌烦。突然，有一个东西吸引了他的视线。那是一盏悬挂着的吊灯，它正在空中慢慢地来回摆动。灯有节奏的摆动把伽利略给迷住了。他发现，吊灯随着风吹而摆动，摆动的幅度一会儿大，一会儿小，但几乎每次摆动所花的时间都是相同的。他意识到他发现了一个惊人的事实：人们传统所认为的物体摆动幅度越小，用的时间越少的观点可能是错误的。为了进一步证实自己的想法，他又以脉搏当表进行了仔细的测量，其结果说明：不管摆动的距离是长是短，完成一次摆动所花的时间是一样的。伽利略的这一重大发现，更加激发了他学习数学和物理学的兴趣。

🔖 尽管伽利略的一生和教会产生过严重的冲突，但他却一直都是一个虔诚的天主教徒。他的第一个重要科学发现就是在教堂里完成的。

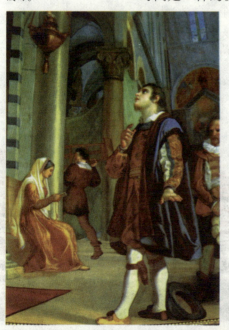

在此之后，伽利略又继续深入了他的这项研究。他亲手制作了两个长度相同的摆，让一个摆动的幅度大一些，一个摆动的幅度小一些，结果，他发现这两个摆的摆动周期保持着精确的一致。后来他又通过改变系在绳头上的物体的重量来观测实验结果有什么不同。多次实验之后，伽利略发现摆的长度是影响摆动周期的唯一因素。

由于摆动一次所需的时间一点也不受物体重量的影响。他提议可以利用摆来制造一台精确的时钟，这个建议一直未被采纳。在以后的岁月中，伽利略经常发现要精确地为一个很小的时间段计时是那样的困难，他不得不用脉搏或水滴来计时。

1585 年，他的家庭经济情况已不允许他继续上学了，在没有拿到文凭的情况下，伽利略离开了比萨大学。

凭着他的数学专长，伽利略在一些有钱人家谋得了几份做私人教师的工作。伽利略机智、热情、幽默，具有一种吸引人的魅力，这种性格在他的一生中都为他带来好运。在这段时间，这种性格则为他赢得了不少有权势朋友的好感。他的学生不仅有年幼的孩子，还有许多热爱自然科学的成年人。

在做私人教师期间，伽利略认真学习了欧几里得的几何学和阿基米德的物理学，他的第一本物理学小册子——《小天平》也在这段时间出版了，其理论直接来源于阿基米德。

伽利略在《小天平》一书中详尽描述了黄金王冠的故事及他本人以前所做过的一些实验，并对阿基米德的工作做了精辟的补充。伽利略还制造出了"比重秤"。其所运用的原理是阿基米德发现的浮力原理：浸没在液体中的物体受到液体对它的浮力等于物体排开的那部分液体的重量。用它可以"称"出物体到底是由哪种金属做成的，同时可鉴别出金属制品中各种金属的比例。因为当时总是有金匠或银匠把其他的一些便宜金属掺入贵重金属中欺瞒顾客，人们对伽利略的比重秤很感兴趣。也正是由于这项发明，伽利略第一次引起了学术界的注意。他很快就声名远扬，人们都称他为"新时代的阿基米德"。

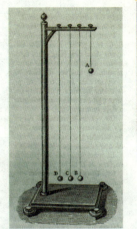

世界大科学家成功故事

🔲 钟摆脉搏计

1589 年的夏天，伽利略在离开比萨大学的 4 年之后，又回到了比萨大学，他谋得了比萨大学数学教授的职位。

作为一个自然科学家，他继续不断地向亚里士多德的权威性提出挑战。伽利略直言不讳的个性使他在学校并不怎么受人欢迎，这一切都使他在比萨大学树敌甚多，但他完全不理会这些，完全沉浸在科学研究所带来的乐趣之中。

🔲 比萨大学一直以拥有伽利略这样的科学巨匠而骄傲，伽利略出生和求学阶段一直在比萨，在 1589 年成为了比萨大学的数学系教授

落体实验到"结识"哥白尼

在伽利略之前，对于运动问题的研究，所有的学究仍旧追随着亚里士多德的观点，即物体的降落速度同它的重量是成正比的。几乎没有人通过做实验来验证这一观点或理论的正确性。而伽利略却对此提出了质疑，他指出：如果说物体的降落速度同它的重量成正比，那么把一个10磅（1磅=0.4536千克）重的铁球和一个1磅重的铁球从同一高度同时扔下，结果将是10磅重的铁球落地时，1磅重的铁球只落下了1/10的距离。显然，这是不可能的。

对此，伽利略提出了自己的看法：所有的物体不管它们的重量如何，都以相同的速度落下。

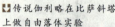

传说伽利略在比萨斜塔上做自由落体实验

1591年，伽利略和他的两个学生带着两个不同重量的铅球（一个是另一个重量的10倍）登上了比萨斜塔的顶部。在好奇心的驱动下，塔底站满了来观看实验的人。在同一时刻，伽利略让他的两个学生从同一高度扔下轻重不同的两个球。结果，人们清楚地看到了两个球在同一瞬间落向地面。

这个实验成功地验证了亚里士多德的"物体的降落速度同它的重量是成正比"的说法是错误的，从而使统治人们思想长达2000多年的亚里士多德的学说第一次发生动摇。然而，应邀前来观看的一些著名学者却否认自己亲眼见到的一切，他们群起攻击伽利略。由此产生的一个不利结果就是比萨大学与他的3年签约期结束后，将不再和他续签。

就在这次试验后的第二年，即1591年，伽利略和比萨大学的签约期结束了。令伽利略没有想到的是，他的父亲文森西奥在这年去世了，作为家中的长子，他得负担起整个家庭的开支。

伽利略迫切地需要找到一个新的、高收入的工作。于是他离开比萨，去威尼斯寻找工作。

伽利略这次威尼斯之行的最大收获就是结识了一位叫玛丽娜·甘巴的女孩。玛丽娜·甘巴出身贫寒，但却美丽出众，他们很快便深深坠入爱河，不久后就结婚了。与此同时，伽利略有了一个去帕多瓦大学工作的机会。相较比萨大学来说，帕多瓦的学术气氛要自由得多，允许人们持有不同的观点，鼓励思考和质疑。而且，在那儿的薪水也比较高。这一切都非常适合伽利略。

当时，有一个非常有名的知识团体，团体中的会员们经常聚会讨论和辩论各种科学和哲学的问题。由于伽利略性格开朗幽默，并多了些反叛和桀骜不驯，因而使他在这里非常受欢迎。伽利略成了这个团体中最活跃、最受人尊敬的成员。

1593 年，伽利略发明了由一匹马驱动，里面可容纳 20 桶水并能连续不断地将水提升起来的抽水泵。这项发明专利于一年之后被威尼斯当局批准生效。

↑在威尼斯伽利略

1597 年，伽利略发明了一种比例规。这是一种机械式计算器，它不仅可以用来更准确地画图，而且可以把许多复杂困难的数学运算简单化。用它可以计算数的平方根、测量体积、密度、圆的面积和钱币的兑换率等，使用范围非常广泛。

欧洲许多地区都向他寄来了订单。学生们对这种比例规也产生了很大的兴趣，于是，伽利略雇用了一名工匠，开始专门制造这种仪器。后来，他还编写了比例规的使用说明，并广为散发。

1595 年，伽利略阅读了波兰天文学家尼古拉·哥白尼的著作——《天体运行论》。哥白尼在这本书中所陈述的观点和理论给伽利略留下了很深的印象。伽利略的研究兴趣也逐渐开始向天文学方面转变，结果他发现了一个他以前从未注目过的科学领域。

长期以来，人们普遍接受的是托勒密的地心理论——地球是球形的，处在宇宙的中心，诸天体都围绕它旋转不

↑伽利略发明的"比例规"。它的外形像圆规，两脚上各有刻度，可任意开合，是利用比例的原理进行乘除比例等计算的工具。

↑1600年，布鲁诺在罗马鲜花广场的火刑柱上被处以火刑，上图为百花广场的布鲁诺雕像。

息。这正像《圣经》上告诉人们的那样，地球是上帝创造的宇宙中心。

因为与《圣经》不谋而合，托勒密的地心说被教会用做天主教的教义基础，受到教会的保护和宣扬，从而成为在欧洲占统治地位的自然哲学。这种情况一直持续到15世纪哥白尼的《天体运行论》出版之时。哥白尼在书中指出，地球绝非像托勒密所说的那样，是宇宙的中心，地球和其他所有的行星一样都围绕太阳旋转，太阳才是宇宙的中心。

在教会强大势力的压制下，科学的探索者们依然严肃而理性地研究着他们身处的这个宇宙。日心说也传播得更远更广泛了，为了保持天主教的绝对权威，教会对哥白尼学说及其支持者的打击和压制更残酷了。

1597年，在奥地利的格拉茨新教神学院任职的开普勒出版了一本《宇宙的奥秘》，公开支持哥白尼的日心说。

1600年，就在这一年意大利却发生了一件极可怕的事情——布鲁诺被宗教裁判所在鲜花广场烧死了。

布鲁诺与伽利略生活在同一时代，他是捍卫哥白尼学说的忠贞卫士。他不仅宣扬日心说，还进一步宣传宇宙无限的思想。

教会对科学横加干涉，甚至严酷迫害科学家的这种行为，无疑在伽利略的心中引起了很大的震撼。不料33年后，他也被同一宗教裁判所判处终身监禁。

伟大的发现

亚里士多德将运动分为两种：一种是天然运动。比如石头从高处下落，这是石头在回归其天然处所，是自然发生的，不需要借助任何外力；一种是受迫运动。比如马拉车，马必须对车施加力，一旦停止施加力，车也就停止不前了。亚里士多德的运动分类法看起来与人类经验很符合，

↑亚里士多德和他的老师柏拉图（左）

但这完全是一种唯心和错误的观点。

　　他讨论的是石头为什么要下落的问题，从 1602 年起，经济情况稍有好转的伽利略将自己的精力完全投入到运动基础理论的研究中。他开始全面修改他以前在比萨大学写的力学论文，并继续对自然运动进行研究。伽利略一反传统的思维方式，把问题从"为什么"转变为"怎么样"。他要用观察和测量的方法对物体的运动方式作一次精确的阐述。

　　为了详尽地研究自由落体运动，伽利略巧妙地设计了一个斜面实验。在他看来，由于斜面的倾角可以控制，假如把斜面的倾角放得很小的话，物体的运动速度就会减慢许多。这样对实验数据的测量和计算都更方便一些。物体在光滑斜面上的滚动运动与自由落体运动有着相同的本质，完全可以把自由落体运动看做是一种倾角为 90° 的斜面运动。

　　小球一次次从斜面顶部滚下，伽利略的落体运动研究也逐渐有了令人高兴的结果。经过反复地测量、计算和论证，伽利略发现在物体的下落过程中，物体的速度在稳定地增加，而且速度的增量在一定时间段中是一个常量。

↑ 伽利略

　　于是，伽利略天才地引入了"加速度"这个概念。这个概念的提出，在力学史上是一个里程碑。这个概念是如此的重要，以至于只有当它被清晰地提炼出来之后，牛顿的经典力学才有建立的可能，近代运动学和动力学也才可能发展起来。而对于伽利略，英国著名的哲学家罗素曾说过"加速度的基本重要性也许是伽利略所有发现中最具有永久价值和最有效果的一个发现"。

　　根据有没有加速度，伽利略将运动分为匀速运动和匀加速运动。他指出：匀速运动是指运动质点在相等的时间间隔里经过的距离也相等；匀加速运动是指质点在相等的时间间隔里获得相等的加速度。

　　其实，伽利略的研究成果已经逼近了牛顿第二定律的边缘。牛顿第二定律指出：物体在运动时，它所具有的加

⬆ 伽利略的伟大之处不仅仅在于他的研究和发现，更重要的是他给后人提供了一种研究思想，即用数学来描述物理规律。

速度随所受到的合外力的大小而定；合外力如果不变，加速度也不变。

在斜面实验中，小球在下落过程中逐渐增加了速度，而且斜面的坡度越大，加速度越大。以此推之，不断增加斜面的坡度使它与地面垂直，小球就如自由落体一样，在下落过程中做匀加速运动。最后，伽利略得出结论：下落物体都是匀加速运动，这就是我们熟知的自由落体定律。

伽利略在实验中发现，小球从斜面上滚下时的加速度只受斜面倾角的影响。倾角小时，它所受的下滑力小，加速度就小；倾角加大，它所受的下滑力也加大，加速度就大；倾角不变时，小球在滚落过程中将保持一个恒定不变的加速度。这个结论实际就是牛顿第二定律的一个具体描述。

亚里士多德对运动物体有这样的观点，他认为力是维持物体运动状态的原因，一旦这个力不再作用于物体，物体将立即停止运动。

伽利略在研究了自由落体运动之后，又设计了一个斜面实验。这一次，他发现了另一个重要的原理——惯性定律。

伽利略将两个光滑的斜面相连，然后让球从一个斜面上以一定的高度滚下。他发现，无论如何改变另一斜面的坡度，小球都会不管实际路程的长短，而沿着斜面上升到与下落点等高的地方。伽利略对此做出了天才的设想：如果第二个斜面是无限延伸而绝无摩擦的水平面，那么，球将会沿着这个水平面永远向前运动。

⬆ 当小球从左侧斜面的一定高度滚下时，无论右侧斜面的坡度如何，它都会沿斜面上升到与下落点等高的地方。而假若右侧斜面变成水平放置，小球就会为了达到那个永远不可能达到的高度而一直滚动下去。这就是伽利略惯性实验所描述的结果。

于是，伽利略发现了惯性定律：除非物体受到外力的作用，否则任何物体都有保持它原有运动状态的性质。

伽利略认为行星的绕日运动是一种匀速圆周运动，而匀速圆周运动又是一种惯性运动。因为惯性运动是一种不需借助外力的运动，所以，行星绕日运动也与外力无关。

现在，从爱因斯坦的广义相对论的角度来看，伽利略把行星绕日运动看做是惯性运动是正确的。广义相对论认为：万有引力不是真正的力，而是时空弯曲的表现；行星绕日运动，就是弯曲时空中的自由运动，即惯性运动。

伽利略通过多次的实验和计算得出炮弹在空中的运动轨迹是一条抛物线。要想使发射出去的炮弹飞得最远，炮口与水平面的夹角应保持45°，其他任何大于或小于45°的角度，都只能使炮弹落在距离较近的位置。

按照亚里士多德的说法，任何物体一次只能进行一种运动。根据他的理论，一个从大炮里发射出来的炮弹的运动轨迹是由两条直线组成的：它首先从炮管中沿直线射出，然后再沿另一条直线垂直下落。

伽利略发现的抛物体理论，解决了自从火药发明以来困扰许多君王和战士的难题，那就是如何计算炮弹飞行的路径。即使是在300多年后的今天，现代炮兵仍在利用这一理论来计算大炮的仰角和射击角度。

发现新宇宙

根据《圣经》上的理论，人们一直认为自从上帝创造了这个宇宙之后，它就一直维持着初始的模样，星辰的数量既不会增多也不会减少。亚里士多德也认为天空中的物体历来是恒定不变的。然而，1604年发生了一起重大的天文学事件——天空中出现了一颗超新星，它异常明亮。这颗超新星到底是怎么回事呢？

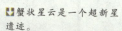
蟹状星云是一个超新星遗迹。

伽利略对这颗超新星进行了仔细的观测，并且前后作了三次有关新星的公开演讲，他在演讲中明确指出：这颗新星和1572年第谷发现的那颗新星一样，是一颗亮度在发生变化的真正的恒星，而绝不是什么大气层内的气象事件，他还预言：这颗新星不久就会消失。

世界大科学家成功故事

一些固守《圣经》和亚里士多德学说的人们宣称：这一天文现象其实只是大气层内的气象事件，它也和彗星一样，是地球吐出来的气，所不同的是它静止不动，而且没有尾巴，它决不会是天上的星辰。

伽利略的演讲无疑又一次动摇了亚里士多德哲学思想的基础。但同时，这三次演讲也使伽利略的名声更大了，许多贵族和学者都以听他的演讲为荣。他们对伽利略推崇备至，甚至把他看成是当时欧洲最伟大和学识最渊博的学者。

当帕多瓦大学这位引人注目的数学教授的名声传到佛罗伦萨克丽斯蒂娜大公夫人耳中时，她给伽利略去了一封信，邀请他在假期到佛罗伦萨来指导科西莫王储的学习。

1605年暑假，伽利略以王储导师的身份指导了科西莫的学习，虽然王储还只是一个15岁的少年，但他却被伽利略的学识深深吸引着。后来作为佛罗伦萨的统治者——科西莫大公，以其高贵的身份、显赫的权势成了伽利略的保护人。

在亚里士多德的理论中，冷和热是一种基本物质，它们和干、湿组合为所谓的"第一物质"。它们是土、水、气和火的组成要素。也就是说土是干而冷的，火是干而热的等等。尽管在亚里士多德的理论中，也有冷热度之说，但它却不是一个很清晰的概念，也无法测量。17世纪初期还完全没有测量温度的方法。

1606年前后，伽利略发明了一种有趣的仪器——气温计。在此基础上，他的学生托利拆利与维维安尼一起发明了第一台水银气压计。可以说，气象学在科学上的进步开始于伽利略和他的学生们对于这些仪器的发明。

1609年5月，伽利略得知一个荷兰人发明了一种可以将物体放大的仪器，它用透镜制成，能使人看清楚远处的物体。伽利略将凹透镜和凸透镜进行了巧妙地组合。1609年7月，就组装出他的第一架3倍望远镜，同年8月制出8倍望远镜，11月制出了20倍的天文望远镜。这便是我们现在天文观测时常用的折射式望远镜。

它为人们揭开了宇宙天体的神秘面纱，让普通的观察者也看到了亚里士多德做梦也想不到的东西，从而引起了

↑ 伽利略温度计

传统的地心学说的追随者们和哥白尼日心学说的赞同者
们之间的一场大辩论，也直接导致了 17 世纪的一场科学的
大革命。经伽利略改装后的望远镜第一次将人类的目光
引向了太空。它实际上是人类从用肉眼观察自然到用仪
器观测自然的一个不朽的标志。

　　1609 年 11 月 30 日晚，当伽利略的目光通过他自制的
望远镜投向月球，他所观测到的月亮，其表面如同地球的
表面一样凹凸不平，上面布满了许多凹坑和裂缝。这完全
不像亚里士多德所宣称的那样：月亮是一个完美无瑕、表
面光洁而且能自己发光的星星。

　　在以后的 18 天中，伽利略都将他的望远镜对准月球。
他发现，月亮本身并不会发光，它只是反射来自于太阳的
光。他还通过测量月球山脉在月表的投影，计算出了它们
的高度，他发现，月球上的有些山脉竟然比地球上的山还
要高些。

　　1610 年 1 月，伽利略将望远镜的镜头对准了木星。1
月 7 日，在木星附近，伽利略观测到四颗明亮的小星，两颗
在东侧，两颗在西侧。经过一个多星期的观测，伽利略终
于明白了，原来，这四颗小星是木星的卫星，时刻不停地围
绕木星运转，就像地球唯一的卫星——月亮一样总是围着
地球运转。

1609 年，伽利略制造的望远镜。

　　伽利略得到的结论是，木星不但有卫星，而且有四颗
卫星！之后，伽利略还着手研究了木星的四颗卫星的轨道

伽利略发现木星不但有卫星，而且是有四颗。

周期。至 1611 年他
掌握了推算木星卫
星周期所必须的数
据，到 1612 年他精
确地测出四颗木星
卫星的精确周期，其
误差只有 1‰！

　　1610 年 3 月，伽
利略出版了一本新
书——《星星的使
者》。书中详细生动
地描述了他通过望

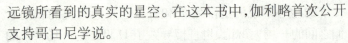

远镜所看到的真实的星空。在这本书中,伽利略首次公开支持哥白尼学说。

这本书为伽利略带来了极大的荣誉,但同时也为他引来了教会不怀好意的关注。他在教会眼中已变成一个非常危险的人物,不仅反对亚里士多德,现在又开始向托勒玫挑战了。

这本书的发行掀起了一场轩然大波,人们都说"哥伦布发现了新大陆,伽利略发现了新宇宙"。

教会的威胁

1610 年 3 月,为了对科西莫大公表示友好和亲近,伽利略以科西莫家族的姓氏——"美第奇"为木星的四颗卫星命名。这年 9 月,伽利略前往佛罗伦萨担任宫廷数学家。宫廷数学家是一个很清闲的职位,除了教授王子学习数学,伽利略的大部分时间都用在天体观测上。

通过对土星的观测,伽利略发现土星好像长了两只"耳朵",但是他的透镜还不足以使他真正看清楚那到底是什么东西(我们现在知道,伽利略所看到的其实是土星的光环)。伽利略觉得他可能发现了土星两侧的两个"伴星",但他不太肯定自己的看法,于是用一句秘语把这个发现发表了。

伽利略发现土星好像长了两只"耳朵",后人证明它其实就是土星的光环。

伽利略连续观察金星好几个月。他注意到有个缓慢的变化正在发生。"新月"状的金星渐渐变得饱满,但整个行星看上去似乎在变小。几个月之后,金星变成了"满月"状,但这时它变得更小了。在这之后,金星又逐渐从"满月"变成"残月",而它看上去也渐渐地变大了。

⬆ 金星

1610 年是伽利略在天文学发现上收获最多的一年。这一年 12 月,伽利略在天空中又有了一个不同寻常的发现。他观察到金星也有位相,就如同月亮的盈亏一样。

如果以托勒玫地心说体系来解释的话,金星和地球之间的距离永远不会更改,那么就看不到金星体积大小的变化。

伽利略用他的望远镜为哥白尼日心说找到了有力的证据:金星位相的发现直接证明了托勒玫体系是错误的。

1611 年 3 月,伽利略来到了罗马。在罗马学院,他受到了非凡的礼遇。

⬇ 伽利略

在这期间,伽利略还加入了一个极为著名的科学团体——林齐学会(又可译为"山猫学院")。他把自己的望远镜展示给许多人看,透过望远镜的镜片,人们还看到了好多原先用肉眼看不到的星星。更重要的是,人们亲眼看到了真实的月亮表面,正像伽利略所言。

这年 4 月,一位德国耶稣会的会士克里斯托夫·沙伊纳观察到太阳表面有许多暗色斑点,他把它称为"太阳黑子"。但沙伊纳又不愿意承认太阳黑子是太阳本身所具有的。光辉、神圣的太阳岂能有"污点"?于是,他把它们解释为紧靠在太阳的表面、绕着太阳运转的微小行星。

伽利略在对太阳进行了细致的观察之后,发表了一篇《关于太阳黑子及它们

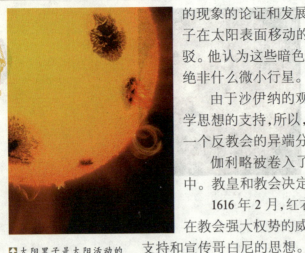

↑太阳黑子是太阳活动的最明显标志之一，它最突出的特点是具有强大的磁场。

的现象的论证和发展过程》的文章，文中就太阳黑子在太阳表面移动的问题对沙伊纳的观点做了反驳。他认为这些暗色斑点是太阳本身就具有的，而绝非什么微小行星。

由于沙伊纳的观点有着权势极大的宗教和哲学思想的支持，所以，伽利略已经成为教会的敌人，一个反教会的异端分子。

伽利略被卷入了一场科学与愚昧激战的旋涡中。教皇和教会决定调查伽利略的学说和观点。

1616年2月，红衣主教理事会传唤了伽利略。在教会强大权势的威胁之下，伽利略被迫同意不再支持和宣传哥白尼的思想。

后来，伽利略不得不从罗马回到佛罗伦萨，搬到了一个叫阿圣翠的小山庄里，度过了两年多时间。

1618年的秋天，天空中出现了三颗耀眼夺目的彗星。罗马数学教授格拉西对此发表了一段关于彗星的讲演，他认为尽管彗星出现的时间很短，但它们也是沿着近似于行星的轨道运行。伽利略不赞同这个观点，他认为彗星的可见路径更近似于一条直线。

1619年7月，伽利略的一个学生吉丢西当选为佛罗伦萨学院院长，在老师的授意下，他在就职演说中就彗星的问题批驳了格拉西的观点。格拉西指责伽利略暗地里支持哥白尼学说，并拉出教会向伽利略发起了疯狂的攻击。

此后不久，科西莫大公去世了，伽利略失去了依托。他决定先暂时保护自己，去寻找新的发现，适当的机会，他会挺身而出。

🔻17世纪人们对彗星了解甚少，认为彗星是大难临头的前兆。彗星出现的下半年，欧洲碰巧爆发了一场以德意志为主战场的"三十年战争"。

1622年，伽利略写了一本论述彗星的书——《试金者》。在书中，他巧妙地维护了自己的观点，批驳了格拉西。书中还给出了科学推理的基本要点，论述了科学研究应该以客观世界为基础，而不应该依附于任何权威。

审　判

从1624年到1630年，伽利略一直都致力于这本《关于潮汐的对话》的写作。然而就在他快要完成这本书的时候，却被告诫说书的题目隐含了他仍旧持有地球在运动的观点。因此，伽利略又将书名定为《关于两大世界体系的对话》(简称《对话》)。

1632年，《对话》一书在佛罗伦萨出版后立刻成为了畅销书。它的形式活泼，语言通俗，使哥白尼学说的传播范围大大增加了，一时，引起了整个欧洲的关注。

全书由四天的对话构成，三位主人公深入地探讨新旧天文学之间的矛盾。其中，塞尔维亚蒂实际是伽利略本人的代言人，辛普里奇奥则是亚里士多德学派的代言人，而风趣的萨格雷多则持中立意见。

第一天，他们批评了亚里士多德自然哲学的基本原则，并表述了月亮表面的地貌及其山脉、月海等。

第二天，批判了地球不动的谬论并对相对性原理作了仔细的论述。

第三天，讨论了地球绕太阳公转的运动，还对宇宙有限和具有中心的观点提出了怀疑。

《关于两大世界体系的对话》拉丁版的扉页。左边是亚里士多德，右边是哥白尼，中间是托勒密。

第四天，提出了新的潮汐理论。他指出，在地球上靠地球上发生的现象去证明地球运动是很不容易的，而水这种相对自由的物质却可以用来证明地球的运动。他明确地说，如果地球不动，潮汐就不会发生，而潮汐是地球运动的必然结果。

伽利略发现的相对性原理，在20世纪初爱因斯坦的相对论建立后，没有作任何修改，被誉为相对论的"力学版"。

为了让更多的普通大众能够看懂这本书，伽利略使用了意大利文。而且，这本书很快被翻译成其他的文字，其中包括汉语。

1632年8月，罗马宗教法庭下令禁止《对话》一书的销

世界大科学家成功故事

↑ 伽利略最终向教会妥协，罗马梵蒂冈宗教裁判，伽利略有罪，判为终身监禁。

售。因为当教会和反对伽利略的人读到《对话》时，他们马上发现了这其中隐含的真相，《对话》是对教会的致命威胁。

两个月后，伽利略被传讯到罗马去受审。这位69岁的老人听到这个消息，一下子垮掉了。病痛的折磨推迟了伽利略的受审日期。

1633年2月，伽利略终于来到罗马。他在罗马度过了漫长的4个月。此时的他已是一个疲惫而多病的垂暮之人。伽利略最终被迫在红衣主教理事会面前供认："自从收到要我放弃哥白尼的观点的命令那天起，我就一直再也没有信奉过这些观点。"

6月22日，年老多病的伽利略在法庭上，被迫作了"认罪"声明，他承认自己先前发表的所有观点是错误的。但最终，他还是没有逃过终身监禁的审判结果。

由于罗马教廷对科学研究的干预，曾经是文艺复兴起源地和中心的意大利在此后的200多年间，再未出现过像伽利略这样的科学巨人，科学的中心也由此转向了英国、荷兰等一些新教国家。

真理不朽

↑ 伽利略在阿圣翠的别墅里受到了许多著名人士的拜访。下图为诗人弥尔顿拜访伽利略。

1633年7月，伽利略被送到佛罗伦萨以南不远处的锡耶纳，由皮可罗米尼大主教对其进行监护。皮可罗米尼大主教对伽利略非常同情，在他的努力下，5个月后伽利略从锡耶纳回到佛罗伦萨的阿圣翠，在自己的别墅里过着被监禁的生活，并在那儿度过了他的余生。

1634年4月，伽利略的大女儿维吉尼亚去世了，已70岁的伽利略受到了沉重的打击。伽利略本人的健康状况也是一天比一天糟糕。1637年，伽利略的一只眼睛失明了，另一只眼睛也受到了感

染，教会当局却拒绝了他要求去佛罗伦萨看病的申请。然而，即使是到了生命的最后一刻，科学依然与他同在。

1642年1月8日冬季，伽利略停止了呼吸，被安葬在一处偏僻的私人墓地里。

就在囚禁期间，伽利略写出了著名的《两种新科学的论述》。这本书总结了伽利略一生研究的所有成果，它是现代物理学上的第一本巨著。书中涉及材料的强度、落体、杠杆、匀速运动和加速运动、抛物体的运动等物理学各个方面的问题。它为其后几代物理学家的研究开拓了道路，其中艾萨克·牛顿是这本书的最大受益者，他的成绩几乎完全建立在伽利略的研究基础上。

仿佛是命运多舛的伽利略的替身，1642年的圣诞节，英国诞生了另一位伟大的科学家——牛顿。从此，科学揭开了新的一页。

伽利略用他那活泼的思想、严玫的逻辑和严谨的实验方法，为科学建立了一套科学的思维和研究方法。他的发现和研究成果给整个世界带来了一股蓬勃的科学之风。从他之后，科学在世界上的地位才得以确立，人类才真正开始了一个新的科学时代。

时间是最公正的法官，任何想违背真理、利用权势压制科学的做法都是愚蠢的。一个世纪以后，教会解除了对伽利略著作的禁令；又过了近100年，各天主教大学已经可以自由讲授哥白尼和伽利略的理论；300多年后的1979年，罗马教皇公开承认伽利略在17世纪所受到的教廷审判是不公正的。公元2000年3月，罗马教皇对天主教会历史上所犯的错误进行忏悔。

这一切正如伽利略所说："科学的现象与事实是不容抹杀的，真理永远不可战胜。"

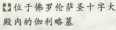

位于佛罗伦萨圣十字大殿内的伽利略墓

大 事 年 表

1564 年	2 月 15 日,伽利略在意大利的比萨诞生。
1574 年	全家迁居佛罗伦萨。
1579 年	就读于瓦隆布罗萨的一所教会学校。
1581 年	进入比萨大学学习医学。
1583 年	发现了摆的等时性。
1591 年	在比萨斜塔上进行了有名的落体实验。
1593 年	发明抽水泵。
1597 年	发明比例规并写了一本有关比例规的使用说明。
1600 年	布鲁诺被烧死。
1606 年	发明气温计。
1609 年	制造望远镜。观测月球。
1610 年	观测到木星的四颗卫星。
	出版《星星的使者》一书。
1611 年	加入林齐学会。
1622 年	完成《试金者》一书。
1632 年	《关于两大世界体系的对话》一书出版,被禁止发行。
1633 年	被判终身监禁。
1637 年	右眼失明,左眼受到感染。
1642 年	1 月 8 日,在阿圣翠去世。同年圣诞节牛顿在英国出生。

主要的重大科验

牛 顿

　　我们翻开历史的卷宗,回到300多年前的那个年代,牛顿以他博大而深邃的智慧同时在天文学、数学、物理学等领域取得了非凡的成就。他所创立的微积分已成为描述物理世界的基本数学工具;他对物理光学进行的研究为后来的研究者指明了道路;他那关于运动的三大定律不仅是今天我们物理课本中的基本内容,也是指导我们科学实践的准则;他的万有引力定律改变了人们对于宇宙的狭义认识……在他所获得的成就中的任何一项,都足以使他名垂千古,他在科学探索中散发的光辉,为后人的前进指引了新的方向。

剑桥大学里的学生

在英国的北部，有一个名叫伍尔索普的村庄，它远离城市的喧嚣与浮华，显得宁静而秀美。只有远处教堂中偶尔传来的悠长钟声，会陡然打破小村的宁静。1642 年的圣诞节午夜，牛顿便出生在这个恬静的小村里。

牛顿出生时只有 1.4 千克，他的母亲汉娜·艾斯库曾一度担心他能否存活。牛顿的父亲在他出生前 3 个月就因病去世，留给他们母子的是一个并不富裕的庄园。为了纪念丈夫，汉娜给牛顿起了与丈夫相同的名字——艾萨克·牛顿。

1645 年 1 月，在牛顿 2 岁多的时候，母亲改嫁，嫁给了一位牧师，牛顿从此便与外祖母相依为命。

9 岁时，牛顿做了一个测量时间的仪器——日晷。他找来一块石盘，在石盘的边缘刻上刻度，再将一个小木棒插在石盘中央。当太阳照射时，木棒的影子就随着太阳移动，这样就知道了相对应的时间。这期间，牛顿被

牛顿出生前三个月，他同样名为伊萨克的父亲才刚去世。由于早产的缘故，新生的牛顿十分瘦小。

送到一所私塾小学读书，他对学习丝毫不感兴趣，成绩也很一般。

12 岁时，牛顿从私塾小学毕业，进入了镇上的格兰瑟姆中学。这时，牛顿的天赋开始显现，他对知识充满了渴求，成绩突飞猛进。

1658 年，牛顿的继父去世了，母亲带着三个年幼的孩子又回到了伍尔索普，牛顿只好辍学回家，帮母亲料理庄园事务。1660 年秋，在格兰瑟姆中学的史托克校长的劝导下，母亲又允许牛顿再度进入中学学习，以便将来考取大学。一年后，牛顿以优异的成绩从格兰瑟姆中学毕业。在史托克校长的保荐下，牛顿有机会进入剑桥大学深造。

世界大科学家成功故事

1661年6月，牛顿来到了剑桥大学的三一学院。三一学院有着浓郁的文化气息。那时，剑桥大学奉行的仍是中世纪以来的经院式教育，学习的课程主要是经书典籍、诗韵和神学。不过，随着宗教改革思想的渗入，学校逐步增设了自然科学课程。这些课程中最具影响力的是卢卡斯数学讲座。这个讲座开设于1664年，它的首任教授是伊萨克·巴罗。

巴罗是位才华横溢的数学家，也是微积分的先驱者，他在物理、天文、光学等方面都作出过重要贡献。巴罗的讲课风格自由、活跃、富于启发性，使牛顿对数学产生了极大的兴趣。正是在巴罗的指引下，牛顿踏进了科学的大门。

↑牛顿9岁时就发明了测时间的工具日晷。

在剑桥攻读学士学位的4年中，牛顿几乎掌握了当时的全部自然科学及哲学知识。

从保存至今的牛顿在三一学院时的笔记本中可以得知牛顿当时研读过的著作涉及数学、光学、力学及哲学领域，如：笛卡儿的《几何学》《哲学原理》；沃利斯的《无穷算术》；开普勒的《光学》；伽利略的《关于两大世界体系的对话》；以及亚里士多德的《工具论》《理学》；伽桑狄的《哲学问题集》等等。

通过对这些著作的学习，牛顿领悟了数学与自然科学的关系，他认为在自然科学中，只有数学才是一项最严密的论证自然规律的工具。基于这种深刻的认识，牛顿对数学投入了大量的精力，从而取得了他

↓剑桥大学

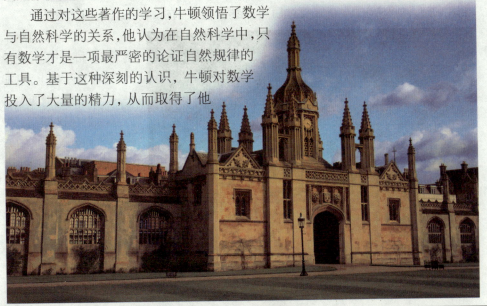

世界大科学家成功故事

一生中第一个重要成果——二项式定理。

1665 年，牛顿即将从大学毕业，在他攻读沃利斯教授的《无穷算术》时，牛顿发现了一些关于级数的规律，并最终研究出了关于二项式的任意次方的计算方法，即二项式定理。二项式定理是一项了不起的发现，它为解决二项式相乘的问题提供了简捷方法，并成为后来人们研究和学习数学所必须掌握的一条数学定理。

然而，牛顿在治学上非常严谨，直到 1676 年，他才正式向英国皇家学会宣布了他早期的这项成果。

微积分

1665 年 6 月，正值盛夏，一场鼠疫在伦敦迅速蔓延。送葬的人群，以及来不及掩埋的死者随处可见。距离伦敦 80 千米的剑桥大学被迫关闭。

此时，牛顿已经以优异的成绩取得了三一学院的学士学位，即将毕业。由于受鼠疫的影响，牛顿要返回他的家乡。比同学们幸运的是，牛顿由于出色的表现，被院方录用为三一学院的"学侣"（相当于现在的研究生，待遇是可以免费在学院居住，并能领取少量薪水）。这意味着牛顿在鼠疫过后可以继续留在剑桥，而不必去四处求职。

鼠疫肆虐的 18 个月是英国的一段灾难岁月，但在科学史上，它却是一段辉煌的时期。

因为在这期间，牛顿的各种令人惊叹的新思想以及无穷的创造力犹如泉水般地涌现了出来。微积分、光学理论、万有引力定律，所有这些伟大的思想都是在这段神奇而又短暂的岁月中孕育出来的。正因为

■ "牛顿"，威廉·布莱克作；在这里，牛顿被描绘成为一位"神学几何学者"。

这样，人们后来将牛顿在家乡躲避瘟疫的 18 个月称为"改变世界的 18 个月"。

这 18 个月中，牛顿所取得的第一项成果是在数学领域中建立了微积分理论。

17 世纪中叶，伴随着物理学的发展，科学家们迫切需要一种新的数学工具来解决力学及物体运动过程中的种种问题，而传统的数学方法显然无法研究物理学中这些变化着的现象。因此在数学领域中，科学家们又引进了微积分这一概念。在这方面，笛卡尔和沃利斯作出了突出贡献，他们为微积分的创立奠定了基础。

世界大科学家成功故事

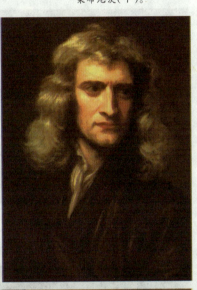

🔶 两位独立确立微积分体系的数学家：艾萨克·牛顿爵士（上）和戈特弗里德·莱布尼茨（下）。

牛顿通过大学期间长期的艰苦学习，掌握了笛卡尔和沃利斯等数学家的精髓。到 1665 年 5 月，即剑桥大学因鼠疫流行而被迫关闭的前夕，牛顿就提出了微积分的思想。

回到家乡后，牛顿对这一重大课题又进行了系统的研究。经过艰苦思索，他得出了一个富于创造性的思想，即数学量可以被看做是由连续运动产生的。例如，一条曲线是由点连续运动而产生的。这样力学和数学就被有机地联系起来。

于是，一种新的数学工具就建立起来了。在牛顿的数学体系中它被称为流数术。在流数术中，牛顿用正流数和反流数反映数学量的变化。

这以后，牛顿对流数术进行了不断的改进与完善。1669 年，牛顿完成了流数术理论的第一篇论文——《无穷多项方程的分析》，在论文中牛顿不仅给出了求正流数的一般方法，而且证明了正流数和反流数互为逆运算；1671 年牛顿又写出了更加深入的流数术理论《流数术和无穷级数》；1676 年又完成了《曲线求积法》。这三部著作成了数学发展史上不可磨灭的里程碑。

然而，仍是出于严谨的作风，牛顿没有立即将他的理论发表。后来德国数学家莱布尼茨对这一问题的研究取得了与牛顿相同的成果，只不过他将这一新的数学工具命名为微积分。他的微分运算就是牛顿所指的正流数,积分运算就是牛顿所指的反流数。但在数学史上,最早将这一数学工具公布的是莱布尼茨,因此,人们就采用了莱布尼茨的命名——微积分。

苹果的故事

1666 年 1 月,牛顿做了一个光学实验:光的色散实验。通过这个实验,牛顿提出了新的光学理论:阳光是由红、橙、黄、绿、蓝、青、紫七种色光混合而成的,组成阳光的七种色光是不可能再分解的。

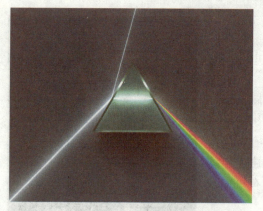

他想,既然日光能被分解成七色光,那么七色光也一定能被合成为白色的阳光。为了验证这一想法,牛顿让一束白光通过一个三棱镜,然后用一个透镜接收棱镜分解的七色光,再在透镜后面适当的位置设置一块纸板截住从透镜中出来的光线。结果,

著名的光的色散实验是牛顿发现的。

纸板上出现了一个小光点,就像从一个小孔中射入的日光一样,牛顿的结论得到了完美的验证。

牛顿提出:阳光是由七种色光混合而成的。

不久，牛顿又开始关注天体运动，同时也开始了他一生中，也是科学史上最伟大的研究——关于万有引力的研究。

牛顿万有引力定律的直接奠基者是开普勒，他在天体运动领域中作出了不朽的贡献。开普勒曾根据丹麦天文学家第谷的观测资料，对火星的运动进行了多年的深入研究，最终发现了行星围绕太阳运动的三大定律。然而，开普勒无法解释是什么力量使行星遵从这三大定律运行。对此，许多学者都进行了探索，并提出了自己的观点，其中较有影响的是笛卡尔和博雷利提出的两种学说。笛卡儿认为，在各个行星之间弥漫着一种被叫做"以太"的物质，它充斥着整个宇宙。上帝赋予了物质基本力学规律之后，这些物质就产生了一种庞大的旋涡运动，正是由于这种运动，宇宙间才逐渐形成了太阳、恒星以及地球、行星……每个星体都处于不同的旋涡之中，巨大的旋涡运动会生成一种力，正是这种力在迫使行星做着相同的椭圆运动。

而博雷利推测，推动行星运动的力是从太阳发出的，这个力维持着行星围绕太阳运行，但是博雷利无法证实自己的这一学说。

对这两种学说牛顿都进行了思考。在用以太旋涡说解释开普勒的三大定律时，牛顿发现了以太旋涡说的错误及缺陷，而且笛卡尔的学说也无法用来解释彗星的自由运动，因此，牛顿否定了笛卡尔的以太旋涡说。对于博雷利的假说，牛顿隐约感觉到了它是具有某些科学价值的，但他一时还无法找到证实自己这种直觉的依据。

一定有一种神秘的无形的力存在，牛顿相信，正是这种力拉着太阳系中的行星围绕太阳旋转。对这种神奇的力，牛顿一直没有停止思考。

据说在1665年的一天，牛顿坐在自家院中的一棵苹果树下苦思着行星绕日运动的问题。这时，一个苹果恰巧落了下来，落到了牛

牛顿去世后，他被当做发现宇宙规律的英雄人物而被人们赋予了传奇色彩。

📖 在万有引力的作用下，月球在自转的同时绕地球公转，而且还跟地球一起绕太阳转。

顿的脚边。这是一个发现的瞬间，因为这次苹果下落与以往无数次苹果下落不同，它引起了牛顿的注意。牛顿从苹果落地这一理所当然的现象中找到了苹果落地的原因——引力的作用，这种来自地球的无形的力拉着苹果下落，正像地球拉着月球，使月球围绕地球转动一样。

📖 今天，苹果的故事仍被广为流传。据说牛顿的外甥女巴尔顿夫人曾把它告诉法国哲学家兼作家伏尔泰。伏尔泰将它写入了《牛顿哲学原理》一书中。但事实是否真的如此，已无从考证。不过牛顿家乡的这棵苹果树后来被移植到了剑桥大学中。

然而，牛顿接着又想到月球为什么不会像苹果那样坠落到地球上？最后，牛顿从近代物理学的另一位先驱伽利略的惯性理论中找到了突破口。伽利略指出，物体有一种惯性，运动者自身就可以永恒地运动下去，根本无须力的作用。伽利略的这一理论使牛顿意识到，月球之所以围绕地球运动，是因为月球在最初形成时具有一个初速度，根据伽利略惯性定律，月球于是围绕地球一直以这个初速度运动下去。

然而，牛顿仍需解决的困惑是，月球为什么总是围绕地球做曲线运动，而不是做直线运动跑出其固有的转道空间？

伽利略另一个关于物体运动的理论又给了牛顿一个关键性的启发。伽利略在抛物运动理论中指出，平抛物体同时具有两种各自独立的运动：一种是水平方向上的匀速直线运动，另一种是在竖直方向上的自由落体运动，两种运动的相互结合便使物体产生了以曲线为轨迹的下落运动。

问题解决了，牛顿结合月球初速度的设想，得出了月球绕地球运动的原理，即具有足够大初速度的月球，在地球引力的作用下一方面向地球下坠，另一方面向着水平方向飞出，这两种运动最终合成了月球围绕地球运动，使月球能在与地球保持一定距离的轨道上周而复始地运动下去。

思索出这个原理之后，牛顿很自然地将他的研究成果推及整个太阳系，继而搞清了万有引力是如何在太阳系中起作用的。牛顿总结出，行星之所以在各自的轨道上运行，而不撞向太阳，是因为它们与太阳之间以及行星之间存在着引力的作用，这使它们不会撞击在一起，同时牛顿开始尝试用数学形式来表述宇宙间的引力。他认为引力的表现形式与绳子拉着小球，使小球做圆周运动的运动现象相似，根据这样的认识，牛顿将惠更斯的离心力公式作为计算引力的依据之一，牛顿研究引力的另一个重要依据是开普勒第三定律，将上述两个定律、公式进行换算，牛顿得到了这样的发现——行星距离太阳越远，它们之间的引力就越弱，并且行星与太阳间的距离与它们之间的引力成平方反比关系。这就是牛顿所发现的著名的平方反比定律。

平方反比定律是牛顿后来用了 20 年时间才研究成熟的万有引力定律的雏形，但因当时还无法搞清月球与地球间的距离该如何计算，因此这一关于引力的公式一时间还无法得到验证。

1672 年，牛顿提交了关于阳光的色彩的论文，把自己对阳光的研究成果向世界公布，人们由此得知了阳光的秘密。

反射式望远镜

1667年初，鼠疫基本平息，牛顿告别了家人，带着18个月来的科学硕果日夜兼程返回了剑桥，开始了他长达30年的科学事业。

牛顿供职于剑桥初期的第一项名垂史册的研究成果是反射式望远镜的发明。

在牛顿发明这种新式望远镜之前，天文学家们用来进行天文观测的仪器是伽利略的折射式望远镜。然而，随着观测精度的提高，折射式望远镜暴露出了一个致命的弱点——望远镜的色差。其主要表现是被观测的天体在折射式望远镜中成的像，其周围出现色彩斑斓的光环，使所呈的像非常模糊。

天文学家无法搞清折射式望远镜产生色差的原因，虽然他们后来也尝试过进行多方面的改造，但依然无法消除折射式望远镜产生的色差。

发现了太阳光谱的牛顿知道，望远镜中产生色差的原因在于阳光中的七种色光的折射率不同，因此它们经过望远镜中透镜的折射后，便在透镜周围产生杂乱的彩色光环。

↑牛顿望远镜

牛顿开始依据新的原理来着手设计一种能消除色差的新式望远镜。他设计的这种望远镜完全打破了折射式望远镜的设计常规，牛顿利用光的反射特性，让光线经一个凹面物镜反射后聚焦成像，他还将目镜（靠近观察者眼部的凹透镜）别出心裁地装在了筒的外壁上。为了使由物镜（靠近物体用来接受外来光线的凸透镜）聚焦而成的天体的像进入目镜，牛顿在管筒内加装了一个独特装置——一个口径小一些的平面镜，它与管筒成 45 度角，这样平面镜就能巧妙地将物镜反射过来的光线反射到筒壁外的目镜中。后来，牛顿发明的这种能改变光线行进方向的平面镜装置就被称为"牛顿装置"。牛顿的这种利用光的反射原理设计的望远镜被称为反射式望远镜或牛顿望远镜。

在发明史上，牛顿制造的望远镜是一个别具匠心的发明典范。因为它的制造难度并不亚于它的设计难度，这种望远镜的材料和大部分构件并不是现成的，必须经人工进行特殊的加工和磨制，甚至用来制作这架望远镜的工具也必须事先进行设计和制作。在这方面，牛顿发挥了他少年时代制作模具和小机械的卓越才能。

1668 年，光学史上第一架反射式望远镜诞生了，它长 6 英寸（1 英寸=2.54 厘米），直径只有 1 英寸，比当时普遍使用的折射式望远镜小了许多，但它却能将物体放大 40 倍。用这架略显粗糙的望远镜，牛顿清楚地观测到了木星和它周围的众多卫星，并找到了金星的位相，即金星像月亮一样出现的周期性圆缺变化。

反射式望远镜研制成功后，巴罗教授将卢卡斯数学教授职位让给牛顿，自己则潜心研究神学。

1669 年夏季，27 岁的牛顿成了剑桥大学有史以来最年轻的数学教授，这一职位给他带来了崇高的荣誉。然而，

人们观察水的涟漪时发现衍射现象。当水波经过障碍物边缘或小孔时，就在它周围形成涟漪一样的展衍环纹，这被称为水的衍射。

牛顿在讲课方面很糟，使得前来听课的学生越来越少，有时竟然连一个学生也没有。于是牛顿不得不埋头于自己的研究中。

光的本性，波？粒？

1669 年 9 月，牛顿应邀将他的反射式望远镜送到了皇家学会，立刻引起了皇家学会的轰动。学会建议牛顿再制作一个更大的望远镜，以便参加不久将在伦敦举办的展览会。

1671 年，牛顿制造的另一架功效更高的望远镜在伦敦展览时获得了巨大成功，国王查理二世对这架望远镜表现出了浓厚的兴趣。1672 年 1 月，不满 30 岁的牛顿顺利地通过选举，成为皇家学会会员。2 月 19 日，牛顿的题为《关于光和色的新理论》的一篇论文刊登在皇家学会会刊《哲学汇刊》上。

在这份著名的论文中，牛顿总结了他几年前对光学的研究成果，更重要的是，牛顿公布了近年来他的另一项光学发现——光的颜色理论。牛顿认为物体之所以会呈现特有的颜色，不是因为物体本身具有颜色。而是由于不同的物体具有不同的反射性能造成的。例如，红色的物体之所以显示红色，是因为这些物体能反射红光而同时将其他颜色的色光吸收了。

牛顿用他的颜色理论成功地解释了彩虹这一自然现象：当大雨过后，太阳出来时，阳光照射在飘洒于空中的无数细小的水珠上，水珠就像一个个透镜，将阳光分解为它所包含的各种色光，这样，一道美丽的彩虹便出现了。

牛顿的光色散实验及光的颜色理论将光学引入了一个新的发

一束白光透过三棱镜的时候会被分解成彩色的光带

展时代——物理光学时代。物理光学的出现也使人们无法再回避一个问题，光的本性是什么？对于这一问题，当时学术界流行两种说法，一种是粒子说，一种是波动说。

近代物理学中首先提出光的粒子说的人是笛卡儿，他在《屈光学》一书中，猜测光可能是由大量微小的、有弹性的小颗粒所组成。有趣的是，笛卡尔同时也是蒙胧的波动概念的提出者，他认为光也许是一种以太介质中的波。

17世纪中期以后，意大利数学家格里马第明确指出光是一种具有周期性运动的波。为此他特别做了"衍射"实验来加以证明。与格里马第持有相同观点的还有英国皇家学会的另一位学者、物理学家胡克，他在《显微术》一书中，将笛卡尔与格里马第的理论加以总结，认为光是一种发生在以太介质中的纵波。

为了弄清光的本性，牛顿在剑桥对光学进行了3年的研究，最终形成了自己的学说。

牛顿坚信自己的颜色理论是正确的，同时他也坚信光是一种粒子。牛顿认为，只有用粒子说才能完美地解释光的颜色现象，既然自然光可以被透镜色散成独立的七种色光，那么组成自然光的自然是各种色光的微粒。牛顿还用粒子说进一步解释了光的色散。牛顿认为七种色光中，组成红光的微粒最大，组成紫光的微粒最小，这样自然光中的红光经棱镜色散后，它的偏折度最小，相反紫光的偏折度最大，正是因为组成七种色光的微粒大小不同，才形成了从红到紫的七种光带。

粒子说最具说服力的例子是解释光的发热现象。牛顿认为，光照射物体时，物体之所以能发热，是因为光中包含着大量高速运动着的微粒，

🔼 笛卡儿

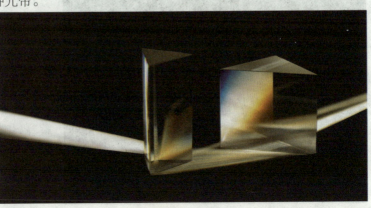

🔼牛顿做了一个实验，他先让一束白光通过一个三棱镜，然后他用另一个透镜接收分解后的色光，在第二块透镜后，七色光又恢复为白光了。

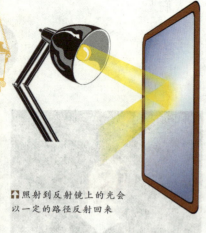

当它们撞击物体时，物体就获得了微粒的能量而发热。

牛顿的粒子说发表之后很快便引起了争议，其中最主要的反对者是胡克和惠更斯，他们也都是英国皇家学会的会员。因此，光学史上最著名的光的本性之争在牛顿、胡克、惠更斯这三个当时科学界顶尖科学家之间发生了。

首先站出来抨击粒子说的人是胡克。他认为，只有把光看成波，才能完美地解释光的直线传播这一特性。因为，如果光是粒子组成的，那么光在传播时，其中的粒子必然会受地球吸引而向地球弯曲，最终导致光以曲线形式传播。

▲照射到反射镜上的光会以一定的路径反射回来

对于光的特性，惠更斯比胡克研究得还要深入。他认为光的波动与水波和声波相类似，是一种球面波，在传播时形成一个个球面向前传递。

除此之外，胡克和惠更斯用来批驳粒子说的共同武器是光的衍射现象。衍射现象最初是在人们观察水的涟漪时发现的。当人们观察到水波经过障碍物边缘或孔隙时，就在周围形成一圈圈像涟漪一样的环纹，这被称为水的衍射。衍射后来就被公认为是波的一种特性。当光的衍射现象被发现之后，光的波动性也顺理成章地得到了承认。

牛顿认为造成折射现象的原因也必然是光中的粒子在起作用。对于波动说提出的种种反对例证，牛顿用粒子说一一进行了反驳。他认为光之所以表现为直线传播，是因为光里的粒子具有相当大的速度，它们连续不断地由发光体发射出去，其力量足以抵消掉它受到的地球引力，因而光表现为直线传播的趋势。

▲地球引力场中的引力探测器

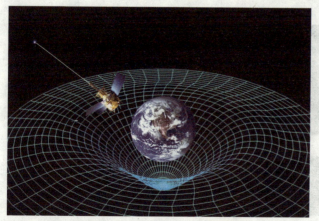

牛顿用他的粒子说对光的衍射现象做了不同的解释，牛顿认为光的衍射现象更能证明光是一种微粒，这种现象的发生是因为光中的微粒经过物体边缘时

受到物体引力的作用,因而在物体边缘产生了弯曲。

关于光的本性之争一直持续了很多年。最终,由于牛顿的粒子说能更好地解释光的各种现象,因而得到了公认。至此,17 世纪 70 年代备受科学界关注的光的本性之争,以牛顿粒子说的胜利而告一段落。光的本性之争是光学发展史上的一次重要事件,它在客观上促进了光学研究的深入。

这场关于光的本性的争论,也带来了另一个结果——使牛顿在学术界声望日隆。正是由于牛顿无可比拟的威望,他的粒子说在他去世后的近 100 年中一直占据着统治地位。直到 1801 年,由于粒子说无法解释托马斯·杨的双缝干涉实验,波动说才又重新占了上风。后来到爱因斯坦等人的理论提出后,光的波粒二象性才被学术界广泛接受。

万有引力

围绕光本质进行的数年争论,以及长时期的学术研究,使牛顿疲惫至极,他将自己关进了炼金室中。根据一些牛

万有引力使行星按照自身的轨道围绕太阳运转

顿研究者的估计，牛顿在一生中断断续续用于炼金术的时间加起来超过 10 年。从事炼金术成为伴随牛顿一生的一项与学术无关的活动。至于牛顿为什么从事炼金术，却没有人能说明白。也许，他是想借助体力上的疲惫而忘掉脑力上的劳累？也许是他原本就对这种既像巫术又带有实验色彩的活动感兴趣？这些都无从考证。

1679 年 11 月的一天，牛顿收到胡克的一封信。胡克在信中询问了牛顿近期的科学发现，并告诉牛顿，法国人莫桑第斯提出了有关行星运动的新思想。同时，胡克还在信中提到了他的一个物理直觉：支撑行星运动的力与行星和太阳间的距离成反比。胡克还就此征询牛顿对于天体运动规律的看法。

在牛顿看来，胡克的这封信是一种和解的表示，作为响应，牛顿也友好地回答了胡克提出的问题。同时，胡克的信也引发了牛顿早期关于引力的思索，他开始重新考虑 14 年前自己在引力的研究中尚未解决的问题。

经过一段时间的苦思与计算，牛顿将他多年来对于力学研究的另一项成果——质量的概念，运用到引力之中，从而发现了引力存在的原因：由于物体之间有质量，因此相互吸引产生了引力，引力由于物体质量的存在而无处不在。至此，牛顿将他在太阳系中发现的引力推广到了宇宙万物之中，并将它命名为万有引力。

当质量的概念被抽象出来后，万有引力定律也随之被发现了，牛顿终于能将平方反比定律改写为成熟的万有引力定律：质量分别为 m_1 和 m_2，相距为 r 的两个质点（物体），它们之间的万有引力的大小 $F=Gm_1m_2/r^2$，其中 G 为引力常数。

🔦埃德蒙·哈雷

咖啡馆中的赌注

1684 年，英国的几位一流科学家在研究天体运动时已经意识到了引力与距离的平方成反比的关系，但是他们无法给予它严谨的数学证明，同时，他们也无法证明开普勒第一定律，即行星围绕太阳运行的轨道是一个椭圆。

抱着对科学严谨的态度，埃德蒙·哈雷专程找到了牛顿。牛顿回答了哈雷的疑问。

不久，牛顿将一篇条理清晰、逻辑性很强的计算稿寄给了哈雷。在手稿中，牛顿对万有引力公式进行了推导、计算，并用数学方法证明了开普勒第一定律。牛顿还进一步提出万有引力在自然界中是普遍存在的，它不仅为太阳所专有，在其他任何星体中都存在。

1685 年初，牛顿开始撰写他的力学巨著。在哈雷的帮助下，经历了异常艰辛的写作之后，1687 年 4 月，这部力学巨著终于全部完成了。

牛顿将他的这部著作命名为《自然哲学的数学原理》（简称《原理》）。《原理》分三卷，第一卷提出了质量、动量、惯性力及向心力、绝对时间、绝对空间、绝对运动概念，并着重论述了机械运动的三个基本定律，即牛顿三大运动定律。牛顿三大运动定律揭示了自然界的力与运动之间的本质关系，因此成为经典力学的基本定律。它可以用来预测、计算物体在力的作用下将产生的运动结果，并对现代科技起了指导性作用。航天器的飞行遵循的基本原理就是牛顿第三运动定律。例如火箭，它依靠喷射燃料时所产

🔶 牛顿之所以将这部巨著命名为《自然哲学的数学原理》是因为当时自然科学还包含在哲学的范畴中。

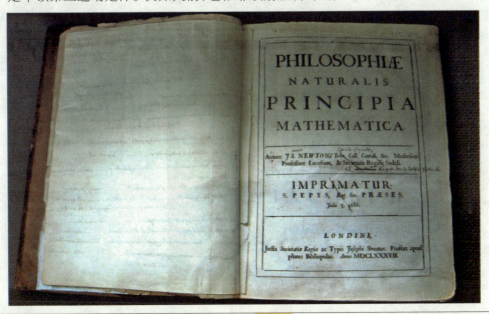

PHILOSOPHIÆ
NATURALIS
PRINCIPIA
MATHEMATICA

Autore JS. NEWTON Trin. Coll. Cantab. Soc. Mathesios Professore Lucasiano, & Societatis Regalis Sodali.

IMPRIMATUR.
S. PEPYS, Reg. Soc. PRÆSES.
Julii 5. 1686.

LONDINI,
Jussu Societatis Regiæ ac Typis Josephi Streater. Prostat apud plures Bibliopolas. Anno MDCLXXXVII.

↑牛顿曾研究着用他的力学理论解释天体的运行。

生的反作用力升空。

《原理》第二卷以严谨的天体力学理论论述了向心力和回转轨道之间的数学关系，以及物体在有阻力介质中的运动，证明了笛卡尔的旋涡模型说不能成立。

《原理》第三卷中，牛顿将他的力学理论应用到天体运动，论述了万有引力和质量的关系，并用他的万有引力定律来解释自然界中的各种现象，如太阳系中的行星、卫星、彗星等天体的运行以及海洋潮汐等现象。

《原理》的诞生受到了许多学者的怀疑，同时也遭到了宗教界的攻击。但是，人们终于接受了《原理》。因为越来越多的天文现象证明了万有引力定律的正确性。

对万有引力定律正确性的第一个证明是对地球形状的证明。1735年和1736年，法国科学院组织了两支远征队前往赤道地区进行实地测量。测量的结果表明牛顿的观点是正确的。

万有引力理论的另一成功例证是它预言了哈雷彗星的回归。在《原理》第三卷中，牛顿断定彗星是太阳系中的一种天体，它们的运行符合万有引力定律的支配。在哈雷去世17年后的1758年圣诞节，这颗彗星如约而至。全世界所有的天文学家都为这个

↑哈雷彗星

时刻激动不已,他们将它命名为"哈雷彗星"。

现在,牛顿《原理》中所反映的科学思想已成为一种文化素养而被现代人普遍接受。

又一部巨著《光学》

1685 年 2 月,英国国王查理二世逝世,他的弟弟詹姆士二世继承了王位。詹姆士二世是一个狂热的天主教徒,他奉行高压专制政治。1688 年,英国发生了宫廷政变,詹姆士二世被推下了王位,被人民拥戴的新国王继位,宗教自由重新得到了保护。

1689 年,牛顿迁居伦敦,开始了他的政治生涯。

1696 年,受英国财政部聘请,牛顿出任"皇家造币厂监督"这一重要职务。由于长期以来牛顿对于炼金术的研究,使他对于从事这一工作非常得心应手,短短 3 年时间,牛顿便完成了全国货币的更新,比预期的时间大为提前,结果,他被提升为皇家造币局局长。

1703 年 11 月,牛顿当选为皇家学会主席。1705 年,安妮女王亲自授予牛顿爵士头衔,由此他成为英国历史上第一位被封爵的学者。

在 18 世纪初,牛顿的声望已经遍及整个英国社会,他成为一名在科学领域和政界都拥有着显赫权威的老人,终生未婚。

1704 年,牛顿的另一部科学巨著——《光学》再次在学术界掀起波澜。《光学》的全名是《光学或光的反射、折射、弯曲与颜色的论述》。它总结了牛顿多年来对光学的研究成果,探讨了"迄今为止光学中谈

🔷 牛顿

论过的一切"。更可贵的是，牛顿在《光学》中的结尾部分列举了关于光学的 31 个疑问，其中最后的一个疑问竟长达 31 页，它提出了一个极为重大的问题："自然界中的各种力量是否具有统一性？"

牛顿的光学理论，尤其是他提出的众多光学课题体现了牛顿的新发现、新思想和新的智慧，它开辟了新的光学研究领域，对于后来科学研究者的启发作用是其他任何一部科学著作都无可比拟的，而它的科学影响也已远远超出了光学领域。

《光学》是牛顿对其早期光学研究的总结。因为牛顿与胡克在光学上长期存在着理论分歧，已厌倦了争论的牛顿在胡克去世之后才将他的光学理论发表。

但是，生活刚刚平息下来的牛顿又处于另一场纷争之中——牛顿和莱布尼茨之间在数学史上持续了几十年的关于微积分优先发明权的争执。

牛顿以一个学者的严谨和实干投入他的工作。

1687 年，牛顿才正式将微积分思想公开在所出版的《原理》一书中。德国数学家莱布尼茨也一直从事微积分的研究，他最早关于微积分的学术论文发表于 1684 年。

这场关于微积分发明权的纠纷不但影响了牛顿晚年的平静，而且对于英德两国间的学术交流也产生了负面影响，以至于英国有近一个世纪都拒绝使用较先进的莱布尼茨微积分符号系统。

现在，人们公认牛顿和莱布尼茨都是微积分的独立发现者。两人不同之处在于牛顿更多地热衷于创立微积分的体系和基本方法，而莱布尼茨却更注重运算公式的建立与推广。作为新数学领域的开创者，牛顿和莱布尼茨都应理所当然地受到人们的崇敬。牛顿与莱布尼茨之间的纷争也告诉我们这样一个事实：从不同的研究角度可以发现相同的科学本质。

1722年，牛顿患了严重的疾病，他明白自己将从此与健康告别。1727年2月底，牛顿来到英国皇家学会主持了他的最后一次会议，这也是牛顿与科学界的诀别。

1727年3月20日，84岁的牛顿在睡梦中安然去世。

作为国家荣誉的象征，英国政府为牛顿举行了隆重的国葬，他的棺木由两位公爵、三位伯爵和大法官一起缓缓抬放在伦敦的威斯敏斯特教堂中。威斯敏斯特大教堂历来是英国皇室成员及国家元勋的安息之地，牛顿是第一位安葬于此的学者。

牛顿的生命消失了，然而他的灵魂在他的创造发现中得到了永恒。牛顿的著作《原理》、《光学》以及牛顿数学方面的伟大成就将永远值得人类骄傲。同时，牛顿也是一位无须后人刻意纪念的伟人。作为经典力学体系的缔造者和经典物理学大厦的奠基者，牛顿的理论时时刻刻都对科学发展和人类思想的进步产生着深远的影响。这一影响将延续到永远。

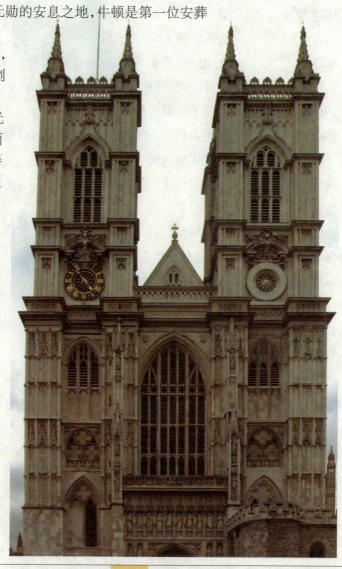

➡ 古老的威斯敏斯特教堂，这里安息着英国历史上最优秀的人物的亡灵，是英国人民最引以为自豪的象征。威斯敏斯特大教堂历来也是英国皇室成员及国家元勋的安息之地，牛顿是第一位安葬于此的学者。

大 事 年 表

1642 年	12 月 25 日, 出生在英国北部一个小镇。
1654 年	进入格兰瑟姆中学。
1661 年	进入剑桥大学三一学院。
1665 年	发明二项式定理, 大学毕业获剑桥大学学士学位。
1667 年	重返剑桥, 开始长达 30 年的科学事业。
1668 年	发明了反射式望远镜。
1669 年	成为剑桥大学有史以来最年轻的教授。并向皇家学会提供反射式望远镜。
1671 年	牛顿制作了功效更高的望远镜在伦敦展出, 获得成功。
1672 年	成为皇家学会会员。
1685 年	着手写作《自然哲学的数学原理》一书。
1687 年	完成《自然哲学的数学原理》。
1689 年	迁居伦敦。
1703 年	任皇家学会主席。
1704 年	完成《光学》, 再次在学术界掀起波澜。
1727 年	3 月 20 日去世。

法拉第

当我们已经习惯了时时处处使用电的生活时，100多年前的人类社会还根本不曾意识到电会彻底地改变世界，这就是科技的力量。让电从实验室走进我们生活的人是一位质朴、谦逊的人——法拉第。电磁感应这项最伟大的发现，把整个人类从黑暗中引向光明。从此，一个辉煌壮观的电气时代到来了，整个世界都在发生着翻天覆地的变化。

成长岁月

迈克尔·法拉第于 1791 年 9 月 22 日出生在一个铁匠铺里。他的父亲是铁匠詹姆斯·法拉第，这个来自克尔克拜小城的铁匠，几年前带着妻子和两个孩子来到伦敦谋生。

迈克尔·法拉第的童年是艰辛的，父亲詹姆斯·法拉第拼命地工作，他的母亲则尽量节省地花每一便士，即便这样，全家仍在贫困线上挣扎。

⬆ 这是一幅描绘铁匠工作场景的油画。

法拉第 9 岁时，他们家的经济状况更加恶化了，尽管申请了救济，而分给法拉第的只是一周一块面包。这本来只够他一天的食物，现在则成了他一周的全部。

当时的伦敦正处于一场工业大革命的风暴中心，各种各样新奇的事情每天都在这个城市上演。有些人在发财，有些人在破产，而更多的则是面临贫困和失业的平民。在一所由宗教团体创办的走读学校里，法拉第学习了基本的读、写、算等课程。他在这里完成了他今后一生中全部的学校教育，加起来只有 5 年。尽管以后法拉第靠刻苦自学取得了非凡的成就，但数学方面的欠缺却是他终身的遗憾，他一直未能弥补数学上的不足，这使得他在日后的科学研究中，不能用精确的数学语言表述自己的物理思想。

像大多数穷苦人家的孩子一样，法拉第 13 岁那年，父亲决定送他去当学徒。值得庆幸的是，父亲并没有让他秉承父业，而是将他送到了里波先生的书店里。这样他虽然脱离了教育，但多少还同知识有了联系。

里波先生的书店不仅经营书籍装订，还销售图书和出租报纸。在当时，英国的报纸发行量小，价格昂贵，大部分人宁愿租报纸来阅读，所以法拉第第一年在书店里的工作就是为租报人送报纸。法拉第有着如此强烈的求知欲，尽管他只有在走读学校学到的少得可怜的知识，但他仍抓住一切机会去阅读书籍积累知识。

一年之后，法拉第开始正式学习书籍装订。由于他聪明肯学，踏实又勤快，深得里波先生的赏识，碰到有什么重要的活计都交给他去做。

书店里堆满了各类书籍，法拉第在工作之余，便完全投入到读书的乐趣中去。

众多学科的知识像潮水一样一齐涌进法拉第的头脑中时，有一本书及时地出现了，这就是瓦茨博士的《意识的改善》，它把法拉第的思绪从一片纷繁中整理了出来，使他走上了科学的光明大道。

这是一本关于学习方法的书。在书里，瓦茨博士建议读者用一个小本子随时记录下观察到的趣事或想到的观点，以备将来之用；建议读者或与志趣相投的人经常通信以互相提高；或通过讨论的方式来交流思想；或参加各种讲座，以扩充知识面。

这本书深深影响了法拉第看待事物和考虑问题的方法，其中影响法拉第一生的就是这样一句话："不要仅仅根据一些表面现象或个别实验来做判断，要努力抓住事物的本质。"欣喜的法拉第很自觉地按照瓦茨博士的教导去做了，事实证明这本书对法拉第的发展和提高起了很大的作用。

1810 年 2 月的一天，法拉第外出给顾客送书的途中，看到了一张市哲学会主席塔特姆先生讲演自然哲学的广告，这使法拉第欣喜万分，在哥哥罗伯特的帮助下，法拉第实现了自己的愿望。加入市哲学会后，法拉第找到了一群志趣相同的朋友，他认真地听讲，精心地做笔记，仔细地思考，积极地参与讨论，就这样，他的科学知识在不断的学习中进步。

铁匠詹姆斯·法拉第将儿子送进书店当起了学徒。因为 19 世纪的英国出版业很不发达，仅有少数人能买得起书，而且有的甚至是活页，便需要将书送去装订或修补。因此这个行业在当时很流行。

进入皇家学院

⬆ 戴维

作为一名书店的学徒，当迈克尔·法拉第在通往科学的道路上艰难跋涉时，伦敦的上流社会正在为一位年轻英俊而又博学多才的天才学者——戴维而疯狂。

刚刚 30 出头的戴维已经是蜚声国内外的著名化学家了，是英国皇家学院的灵魂。他在 25 岁时就已当选为皇家学会会员，27 岁又荣获皇家学会的最高荣誉——柯普利奖。为挽救皇家学院的经济困境，戴维提倡举办通俗化学讲座。没想到这个讲座一办起来，就在整个伦敦掀起一阵势不可挡的热潮。以至于有不少太太小姐把听戴维的讲座当成了一种身份的象征，把了解到的一点肤浅的化学知识当成了卖弄的资本。在这种情况下，玛西特夫人出版了一本《化学漫谈》，将戴维的观点和发现用最浅显的语言加以表述，以便于那些对化学一窍不通的夫人小姐们听讲座前有点知识准备。

法拉第就在这样的情况下接触到一本即将改写他人生的书——《化学漫谈》。这本书将法拉第引入了一个神奇的、变化无穷的世界，他开始对化学产生了兴趣。而他那小小的阁楼里从此不断传出乒乒乓乓的实验的声音。

法拉第将自己在市哲学会听讲时记的笔记积攒成了厚厚的一本精致的册子，送给里波先生作为纪念。正是这本非常整洁、仔细且配有精确的插图的笔记抄录本，使法拉第获得了梦寐以求的戴维博士在皇家学院的讲座的入场券。

法拉第仅仅听了戴维博士在皇家学院的最后 4 次讲座，就成为了戴维博士的一名忠实信徒，他想跨进科学的大门。

1812 年秋天，法拉第 7 年的学徒生涯结束了，他已是一名非常优秀的订书匠了，他目前面临的首要问题是谋生。

法拉第求职失败之时，戴维博士则刚从苏格兰度完蜜月回来。一次实验事故使他的眼睛在一段时间内无法看见东西，因此需要一名抄写员帮他整理实验记录和文稿，法拉第接受了这项工作，不过没有多长时间，这项工作就结束了。于是，法拉第便将戴维博士的演讲记录装订成册寄给戴维博士本人，并附上一封言词恳切的求职信，他希望戴维能够帮助他谋到一份工作。

1812年圣诞节前夕，当一本赫然印着《汉·戴维爵士演讲录》几个烫金大字的书呈现在戴维博士眼前时，戴维博士大吃一惊，因为他从未出版过什么演讲录。当他翻开一看，才知道这本"书"完全是手抄的。它记录了自己最后4次演讲的全部内容，书法工整，配图精确，戴维被深深地打动了。原来，手抄本的作者就是自己的临时抄写员。他决定帮助这位出身贫寒却又对科学充满热忱的年轻人。

1812年12月24日，正是圣诞节前夕。戴维博士给法拉第写了一封回信。在回信中，戴维博士说很乐意帮助他。

而正是这件珍贵的"圣诞礼物"从此改变了一个青年的命运。

第二年1月，法拉第和戴维见面了，他们进行了短暂的交谈，彼此都给对方留下了深刻的印象。戴维对法拉第献身科学的热忱很赞赏。当法拉第离开时，戴维告诉他，只要皇家学院一有空缺，就立即通知他。这一次，法拉第等待的时间并不很长，仅仅两个月后，戴维博士的一个实验助手因故被解雇了，于是1813年3月1日，法拉第进入了英国皇家学院，正式成为戴维博士的实验室助手。

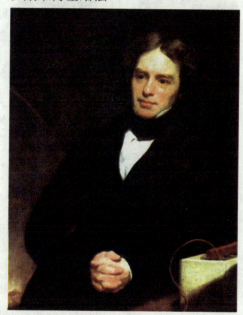

法拉第

走向成熟

法拉第实现了他进皇家学院的愿望后，便立即全身心地投入到各种化学实验当中去。由于他在操作中所表现出的出色技能以及他的勤奋好学，法拉第很快就被赋予了更重要的工作，他成了学院演讲时必不可少的助手。

世界大科学家成功故事

1813 年 10 月，戴维博士同妻子开始了一次欧洲之行，而法拉第作为戴维博士的科学助手也随他们一起旅行。

这个时候，整个欧洲都处于拿破仑的统治下，在这个时候戴维博士去欧洲旅游的申请之所以能被批准，不仅因为他拥有极高的国际声誉，更重要的是，拿破仑皇帝是一位有远见的统治者，他清楚地意识到科学对他统治地位的作用。早在 1806 年，拿破仑就曾接见过戴维博士，并授予他 3000 法郎的波兰巴特奖。这项来自敌国的奖励在当时引起了极大的轰动。

↑法拉第年轻时的照片。照片中的法拉第坚毅的目光流露出对科学的执著追求。

欧洲之行对法拉第来说可谓意义重大。在此之前，法拉第甚至不曾离开过伦敦，这次出游不仅让法拉第饱览了美丽的欧洲风光，大大地开阔了眼界，而且他还参观了欧洲许多著名的实验室和实验技术，与各国科学家进行了学术上的交流，接触到了各种不同的思想。他的科学知识日渐丰富，研究思想也慢慢成熟起来，以至多年后，法拉第还感慨地说，他上了欧洲最好的"大学"。

与那个时代最负盛名的科学家戴维博士朝夕相处，向他学习，与他讨论，这是法拉第这次旅行中最大的收益。在路途中，法拉第亲眼看到戴维博士对碘元素的确认，以及对钻石的化学成分的分析判断，这些都无疑对法拉第以后的研究思路和方法产生了积极的影响。法拉第意识到：在习以为常的现象后面也许就隐藏着不同寻常的事物本质，而且任何细微的变化都不容忽视。

法拉第从欧洲回国之后，就被皇家学院重新任命为"实验室助手兼矿物质标本管理员及仪器设备总管"。从这一头衔中我们可以明显地觉察到法拉第在皇家学院的地位已渐渐上升了。他的薪水也从每周 25 先令增加到了 30 先令，几个月后又增加到了每年 100 英镑。

此时法拉第已成为戴维博士的得力助手，戴维博士越来越需要他的协助。

1815 ~ 1821 年的 6 年时间里，法拉第系统地学习了 18

世纪末以来化学理论的发展。他阅读了大量自然科学的书籍和期刊，还认真记下了所遇到的疑点。这对于只受过5年教育的法拉第来说是一项艰巨的任务，因为仅从各种纷争的学说中理出一个有价值的线索就已经很不容易了，更何况，对于每一种结论，法拉第还都要用实验仔细验证一番。

1816 年，法拉第发表了第一篇科学论文——《多林尼加本生石灰化学分析》。尽管这篇论文不足 400 字，但法拉第却说："它是我与公众交流的开始，其结果对我非常重要。"此后的 3 年时间，法拉第陆续在《科学季刊》上发表论文 20 余篇，他的名声渐渐大了起来。

1821 年 6 月 12 日，法拉第与一个名叫萨拉的美丽姑娘结婚了，这桩婚姻造就了科学界少有的长久而幸福的一对。

电磁旋转

1820 年 4 月，哥本哈根大学的物理学教授奥斯特提出：电流能产生一个与电流方向相垂直的磁力。奥斯特的这一发现在整个欧洲科学界引起了轰动，在此之前，人们一直把电和磁看做是两种互不相干的事物，然而奥斯特的实验将它们联系在了一起。

⬆ 安培

法国物理学家安培在得知这一消息后又重复了奥斯特的实验，结果，提出了右手定律。不久，他又指出两条平行导线通上同向电流时，两者之间会互相吸引；通上反向电流时，便会互相排斥。1821 年，安培进一步提出了分子电流假说，即物体内每个分子都带有一个环形电流，从而表现为一个微型电磁体。当这些微型电磁体整齐排列时，整个物体就呈现

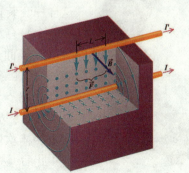

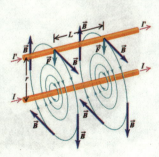

⬆ 安培定律

出磁性;当这些微型电磁体排列杂乱时,物体就不显磁性。70多年后,当这一假说被证实后,安培的天才假说就更为世人所刮目相看了。

当欧洲各国科学界为电磁学研究投入了众多关注的目光时,英国科学界对此却非常冷漠,毫不理会。只有这位戴维博士的老友沃拉斯顿看到了它的深远意义,他认为奥斯特实验中表现出来的磁力有可能使载流导体绕自己的轴旋转。1821年4月,他邀请戴维博士共同做了一个他所设想的实验:在两个金属碗中间夹一根直导线,通上电流,然后拿一根磁棒移近导线,导线就会绕着自己的轴转起来。仪器安装好了,导线却没有转。他们不断地总结可能失败的原因,并接着实验,可是结果还是没有成功。

当两人正在讨论失败的原因时,法拉第从外面回来了,他仔细听了两位博士的讨论,这件看似寻常的事情却对勤于思考的法拉第带来了不小的触动。

当时法拉第应《哲学年刊》之邀准备写一篇系统地介绍和评论有关电磁学的文章,所以他仔细研读了19世纪以来各种有关的电磁学文献,并重复了一系列重要的实验。之后,法拉第写了一篇《电磁学的历史概要》,发表在《哲学年刊》上。这样一次系统的研究也激发了他对电磁学的浓厚兴趣。

法拉第在沃拉斯顿博士的实验启发下,开始着手设计自己的实验。他认为在磁力作用下的通电导线将会绕磁棒旋转,而并非像沃拉斯顿博士设想的那样自转。

1821年9月的一天,法拉第设计了这样一套装置:把一根磁铁棒竖直固定在一个装有水银的容器里,让磁棒的一端露出表面,在磁棒附近悬挂一根导线,并使其与水银及容器底部形成一个闭合回路。当法拉第给这根导线接上电源时,令人激动的事情发生了,导线绕着磁棒欢快地转了起来。

此后,法拉第又找到了新的实验方法改进他的实验。他设计了一套对称

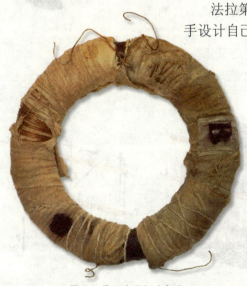

⬆ 法拉第设计的电磁线圈

的实验装置。

如右图所示，在这套装置中，右边是和前一次实验类似的设计，左边则恰恰相反，在装水银的容器的底部装上一个可自由活动的磁棒，让其上端露出水银面。在水平支架上垂直固定一根导线，使它的下端正对着容器中央固定磁棒的位置，并浸入水银之中，从而与水银及容器底部形成一个闭合回路。

这次实验非常成功，实际上他不仅仅实现了通电导线绕磁棒的转动，而且实现了磁棒绕通电导线的转动。

虽然在此之前，奥斯特与安培等人的实验都已证明了制造电动机的科学原理，但实际上，让载流导线在磁场的作用下能够做连续的运动，这却是人类历史上的第一次。尽管在当时，这种装置还无法使工厂的机器运转起来，但根据其原理，电动机的出现成了一种简单而必然的事情。

⬆ 法拉第的电磁旋转实验装置。其左边是奥斯特实验的一个变形，右边是安培实验的一个变形。奥斯特和安培实验实现了磁场中的瞬间运动，而法拉第的装置却使这种瞬间运动变得连续起来。这使得各种以电动机为动力之源的机器的出现成为了可能。

液化氯气

戴维博士从欧洲旅行回国之后便辞去了皇家学院化学教授的职务，就这样，曾风靡一时的化学讲座也停办了，皇家学院又一次面临着严重的经济危机。为此法拉第接受了大量的商业性化学分析工作，为皇家学院筹集资金。这花去了他太多的精力和时间，但也为他本人赢得了很高的声望，尤其是在 1820 年的一次法律纠纷之后。

当时一家糖厂发生了火灾，糖厂要求保险公司赔偿损失，法拉第应邀担任了保险公司的科学顾问。然而令他感到尴尬的是，戴维博士正是这家糖厂的科学顾问。富于科学精神的法拉第没有顾及老师的面子，他以精确的实验数据为保险公司赢得了这场官司。这样的结果完全出乎意料，一边是当时最光彩照人的著名化学家，一边是名不见经传的实验室助手。舆论和传媒的大肆宣扬，使戴维博士非常难堪，从此便埋下了师徒不和的种子。

1821 年 10 月 21 日，《科学杂志季刊》上发表了法拉第一篇题为《论某些新的电磁运动及电磁理论》的论文，文中介绍了他的电磁旋转实验。然而这篇论文的发表，给他引来了一场不愉快的风波。

因为，在英国科学界，几乎人人都知道沃拉斯顿博士一直在致力于这项实验的研究，然而忽然间皇家学院的实验室助手——法拉第的相关论文却发表了，人人都怀疑是法拉第剽窃了沃拉斯顿博士的成果。尤其是戴维博士，也开始怀疑起自己学生的品格是否高尚诚实。

在法拉第的多次努力下，事情最终得以明了，但他与戴维博士 10 年来的师生情谊却出现了无法愈合的裂痕。

物质都存在固、液、气三种状态，这是现在中学生都懂得的事情，然而在 100 多年前，人们还完全不懂得这个原理。尽管人们对固态的冰、液态的水、气态的气非常熟悉，但由于很少看到其他物质的三态变化，因而仍然坚信存在永久性的气体。甚至当时流行的拉瓦锡理论对此也存在一种错误的认识。

戴维博士是一位有着敏锐洞察力的科学家，他对物质的三态提出了一种合理的看法：他认为物质都有固、液、气三态，如果分子间的吸引力大于排斥力，物质就呈现为固体；如果分子间的吸引力等于排斥力，物质就呈现为液体；如果分子间的吸引力小于排斥力，物质就呈现为气体。

法拉第凭着长期以来在化学研究中形成的一种直觉，毫不迟疑地站在了戴维博士的一边。他坚信：在适当条件下，物质的三态是可以互相转化的。

1823 年春天，法拉第在一次实验中成功地将氯气液化了，这对当时人们关于物质状态的理论无疑是一次很强的冲击。一天，法拉第正在实验室中研究氯的水合物成分，并且得到了一些结果，戴维博士从外面回来，知道了法拉第的研究进展，便建议法拉第把氯的水合物放在密闭试管里加热试试看，说完就走了。

法拉第照着戴维说的做了。他找来一个大试管，里面

↑法拉第的电磁感应装置

装上氯的水合物晶体,用火焰把试管口上的玻璃烧化封了口,然后,把试管下端放在一个装满水的大烧杯里,烧杯下用火加热。渐渐地,试管里的晶体开始融化,分解成两种流质,占 3/4 的部分是淡黄色的,有点像水,余下的 1/4 是凝重的深黄色,沉在试管的底部。

正在这时,教授帕雷斯路过实验室,看见法拉第正在做实验,就走了进来,他见到试管底部沾着黄色的油迹,就责备法拉第使用了不干净的试管。于是当着帕雷斯教授的面,法拉第又取了一根干净的试管重复了这个实验,结果油迹又一次出现了。帕雷斯教授无法解释这种现象。教授走了之后,法拉第继续着他的实验。

世界大科学家成功故事

第二天一早,帕雷斯收到了法拉第写给他的便条:

亲爱的先生:

昨天您注意到的油迹原来是液态的氯。

您忠实的迈克尔·法拉第

法拉第的实验证明了在恰当的条件下,物质可以变成三态中的任何一种状态,这彻底纠正了人们长久以来形成的错误观念。

从 1818～1830 年,法拉第在一些技术性的研究上花费了大量的时间,这促使他很快成为了 19 世纪世界一流的实验家。

皇家学会的新成员

1823 年 5 月 1 日,沃拉斯顿博士同其他几位学会会员共同签名举荐法拉第入选英国皇家学会。此时的法拉第已完全具备了入选的资格,但作为皇家学会会长的戴维对他的学生仍耿耿于怀,他坚决反对法拉第加入皇家学会。他甚至怒气冲冲地找到法拉第,要求法拉第主动撤回他的皇家学会会员候选人的资格证书。结果,法拉第坚决地回答说他并没有什么可以撤回的,因为他自己并没有提名自己当皇家学会会员的候选人,而且据他所知,推荐他的那些朋友也同样不会撤回这次提名的。戴维恼羞成怒,说他作为皇家学会会长,将亲自撤销法拉第的候选人资格。

戴维的想法并没有成功，但在他的阻挠下，入选资格审查一直拖延到第二年的1月8日才得以举行。

时间总会冲淡一切的。事情过去之后，师徒双方都有些后悔他们在这场冲突中的举动。法拉第多次在公开场合盛赞戴维的贡献，而戴维在第二年，即1825年2月7日提议法拉第接替他的职务，担任皇家学院实验室主任。

戴维是一位富有献身精神的科学家。他在实验中多次受伤，致使他疾病缠身。1829年，身患重病的戴维在日内瓦疗养。当有人问他一生中最伟大的发现是什么时，他没有提那几种使他名扬天下的元素，而是说发现了一个人，那就是法拉第！1829年5月，年仅51岁的戴维离开了人世。

法拉第成为皇家学院新任的实验室主任，经济问题再一次摆在了法拉第这位新任实验室主任的面前。1825年，法拉第创办了星期五晚间讨论会，这个讨论会后来成为维多利亚时代最负盛名的讨论会。在这儿，各种职业的科学家或业余的科学爱好者都可以登台宣布他们的某些看法或发现，气氛活跃，讨论热烈，因此，吸引了很多人。

然而最受欢迎的还是法拉第本人的讲演。他讨论的话题非常广泛，包括热、电、磁、化学、动物、植物等等。

从1825年到1862年退休，法拉第主讲了100多次星期五晚间讨论会。

⬆ 法拉第讲座

电磁感应

从1821年开始，法拉第的电磁旋转实验成功之后，法拉第曾多次试图用实验来实现那个萦绕于他脑海中的梦想——磁生电。

1831年8月29日，他设计了一套新的实验装置。他用软铁做了一个直径6英寸(1英寸=2.54厘米)的铁环，然后在铁环的两边绕成两组线圈：A组和B组。将B组线圈与一个电流计相连，这时给A组线圈通电。在电源接通的瞬间，法拉第发现电流计的指针迅速地摆动了一下。这瞬间的指针摆动令法拉第异常兴奋，这不正是他 10 年来想要看到的吗？然而令他疑惑的是，为什么在 B 组线圈中感生出来的电流是如此短暂，只有在电源被接通或断开时才会产生？

9 月 24 日，法拉第又重新设计了一个新的实验：在一根铁棒上绕上一个线圈，线圈两端与一个电流计相连，把两根磁棒安置成倒置的 V 形，使一根磁棒的 N 极与另一根磁棒的 S 极相触。当他把绕有线圈的铁棒夹入或抽出两根磁棒的夹角时，电流计都有短暂的摆动，这个实验更清楚地表明了：磁能够生电，尽管非常短暂。

10 月 17 日，法拉第在一个空心纸筒上缠绕了一组线圈，并使一个电流计与之相连，当他把一根磁棒迅速地插入纸筒中时，电流计的指针向一个方向摆动了一下；当他把磁棒迅速地从纸筒中抽出来时，电流计的指针又向相反的方向摆动了一下。他反复地试验，都得到了相同的结果。

法拉第最终得到了一个结论：电流的产生与磁棒本身的强度无关，只有变化的磁场才能感应出感生电流，而且这种感生电流是有方向性的。

⬆ 磁铁发电实验

法拉第这次实验意义重大，然而他并不满足于这短暂电流的产生，他需要的是持续而稳定的电流。

10 月 28 日，法拉第做了一次非常著名的实验，而他为此实验设计出的一套装置，客观地说，那便是人类历史上第一台发电机。装置的构造是这样的：

将一个直径 12 英寸的黄铜盘固定在一个支架上，并使它能够绕轴转动。铜盘的边缘与一个弹片相触，从这个弹片和铜盘的中轴分别引出一条导线并与一个电流计形成闭合回路。将一块马蹄铁水平固定在支架上，并使铜盘的边缘能伸入它的两极间。

这套装置设计得非常巧妙，铜盘在这里充当了线圈的角色，当铜盘转起来时，就相当于磁铁与线圈发生了相对运动，而且这种运动是持续、单向的。

果然不出法拉第所料，当他摇动手柄，黄铜盘转动起来的时候，电流计的指针发生了偏转，

⬇ 1831 年，法拉第发现了磁生电现象，这一现象最终导致了现代发电机的出现。

而且恒定地指向一个方向。

电磁感应这项19世纪最伟大的发现就在法拉第一次次的实验中被发现了。它在科学界引起了巨大的轰动。法拉第的伟大功绩就在于他奠定了电磁理论大厦的坚固基础，后来的许许多多科学家都在这个基础上，不停地建造着这座宏伟的电磁大厦，最终不断地使人类社会发生着天翻地覆的变化。

"法拉第效应"

早在当书店学徒时，法拉第就曾做过这样一个实验：把锌片和铜片交替叠放起来，中间夹上浸过盐水的纸板，这样就做成了一个简易的伏打电池。将电池的两极用铜丝导入硫酸镁溶液中，硫酸镁被分解了。而且锌片上很快就蒙上了一层铜膜，铜片上也蒙上了一层氧化锌。

对于这个实验，还是学徒的法拉第印象非常深，所以到1832年时，他就决定开始研究这个问题。通过多次实验、比较和分析之后，他得出了这样一个结论：当电化分解发生时，分解出来的物质的量并不和电流强度成正比，而是和通过的绝对电量成正比。这实际上就是法拉第电解第一定律。

经过进一步研究，法拉第又发现：每一种元素在电解时始终以确定的比例析出。他把这种比例称为电化当量。电化当量与元素的化学当量非常一致，于是法拉第电解第二定律表明：电化当量与化学当量系同一个概念，当一定的电量通过电解质时，析出物的质量与这种物质元素的化学当量成正比。

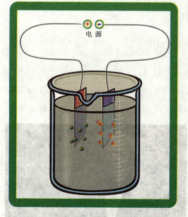
法拉第设计制作的发电机模型。

法拉第电解定律后来被广泛地应用于电镀、电解工业。

1835年夏末，法拉第开始研究静电感应和静电屏蔽。为了更有力地证明金属导体所带的电荷集聚在表面上，他做了一个长、宽、高都是3.66米的金属架子，上面蒙了一层铜丝网。他让铜丝网带上高压电，并且让它放电，制造一场人工雷电。外面劈劈啪啪、火花飞溅，他站在里面，脸带微笑,安然无恙,却把朋友们看得心惊肉跳。

　　1837年,法拉第的主要研究方向是:电介质对电力作用的影响。他发现绝缘体电容器比真空电容器能够容纳更多的电量,他把两者容纳电量的比值叫做绝缘材料的电容率。为此,人们就以"法拉"作为电容的单位。

　　1841年的夏天,法拉第的健康状况越来越差,他在妻子萨拉的陪伴下去瑞士疗养。半年之后,法拉第回到了伦敦,但他的身体状况仍不允许他继续工作。直到1845年春天,法拉第的健康状况才得以逐步地恢复。

　　从远古时代起,朝霞、彩虹、影子、日食这些有趣的光学现象就使得人类对光产生了浓厚的兴趣。古希腊伟大的科学家欧几里得、托勒密都曾用数学方法对光学进行过研究,他们不仅知道光的直线传播特性,还了解光的反射、折射规律。但他们仅仅对光进行了普通的几何学研究,光学真正成为一门系统的学科,还是发生在17世纪初期。

　　法拉第对以太假说持一种怀疑态度,在他看来,光波并不是在以太中传播,而是与电磁力线的振动有关。

　　1845年春,身体好转起来的法拉第就着手研究这个问题,9月13日,在许多次失败的实验之后,法拉第终于成功地证明了磁场的确使通过重玻璃的偏振光的偏振面发生了旋转,而且磁力强度越大,光的偏振面的旋转角度也越大,这种效应被称为磁致旋光效应,即著名的"法拉第效应"。磁力能对偏振光产生作用,这不正说明电磁与光具有一种内在的统一性吗?

　　长期以来,在法拉第电磁学研究的过程中,有一种观念在他的头脑中越来越清晰地显现出来,这就是:带电体或磁体周围一定存在着一种由电磁本身产生的连续的介质,来传递电磁的相互作用。1845年11月7日,法拉第首次在日记中记录下了"磁场"一词;1848年,他以其卓越的形象思维能力正式提出了"场"这一概念,用来描述这种看不见、摸不着的介质。为了直观地显示"场"的存在,他又引入了"力线"的概念。

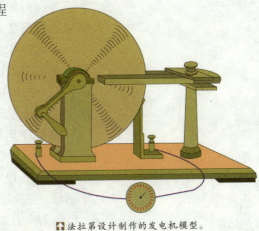

▲ 法拉第设计制作的发电机模型。

1851年，法拉第在他的伟大论著《论磁力线》一文中进一步阐明了他的场论思想。他说，场由力线构成，力线将相反的电荷和磁极连通起来，它们的疏密程度代表电场或磁场的强度。由异性电荷或磁极发出的力线趋向于使它们拉向一起，即异性相吸；由同性电荷或磁极发出的力线趋向于使它们相互排斥，即同性相斥。

场论思想的提出，是物理学思想史上划时代的事件，它对后代物理学研究起到了难以估量的影响。

在这篇著名论文中，法拉第还提出了这样一条定律：导线切割磁力线时，导线中将有电流产生，而且电流的大小与所切割的磁力线数成正比。这条定律后来被命名为"法拉第电磁感应定律"。

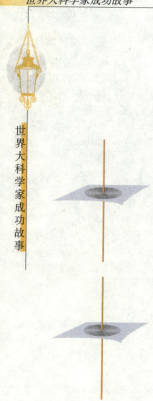

↑法拉第曾做过这样一次演示来证明磁力线的存在，让一根通电导线垂直地从一张白纸中间通过，给纸上撒一把铁屑，铁屑则以导线为圆心，形成了许许多多的同心圆。铁屑所排成的形状就是磁力线的形状。

不灭的光辉

1846年4月的某一天，皇家学院邀请查尔斯·惠斯通爵士演示他的新发明——电磁计时器。由于各种原因，查尔斯·惠斯通爵士当天没有来，作为主持人的法拉第只好上台做一次即兴演讲。

法拉第在演讲中指出：光是一种在力线中所做的高级振动。现在我们知道，光实际上就是一种电磁波，是电力线和磁力线的振动。但在当时，法拉第的理论却并不为大多数科学家所理解，直到麦克斯韦将光的本性揭示出来，大家才深刻地认识到法拉第讲演中所包含的深远意义和超前的思想意识。

麦克斯韦认为变化的磁场必然激发出电场，变化的电场也必然激发出磁场。这种变化着的电场和磁场共同构成了统一的电磁场。直到1886年，德国物理学家赫兹在实验室中验证了电磁波的存在。

从1839年到1855年，法拉第的《电学实验研究》分三卷出版了。这套凝聚了法拉第毕生心血的巨著是物理学中完整记述19世纪电学发展的经典史料，是留给后代科学家最翔实、最丰富、最形象的宝贵资料。

作为一名实验物理学家，法拉第在科学研究上的蓬勃

生命力直到他 40 岁时才爆发出来，这与其他大多数科学家比起来，显得大器晚成。

1850 年以后，法拉第的身体已不允许他再像往常一样从事缜密的实验和研究了。1862 年，法拉第在皇家学院的星期五晚间讨论会上做了最后一次讲演。两年后，法拉第辞去了皇家学院实验室主任和事务主任两项职务。

法拉第成名后，各种荣誉像潮水一般向他涌来，他被世人誉为"电学之父"。法拉第没有陶醉在无尚的荣誉中，他依然保持着人性中最纯美的东西。他一生中获得的荣誉多达 94 项，但他却把这些奖章和奖状放进一个盒子，连最亲近的朋友也无缘得见。政府在 1855 年决定授予他爵士称号，却被他拒绝了。理由是"法拉第教授出身平民，他不想变成贵族"。

晚年的法拉第，由于辞去了所有的技术性工作并不再做科学讲演，他的经济状况非常窘迫，以至于 1858 年维多利亚女王赠给他一套住宅时，他因无力支付必要的维修费而大为伤神。后来女王得知情况后，派人为他将房屋修葺一新，此后，法拉第就一直住在这所房子里。

其实就法拉第的禀性来说，名誉和金钱都不是他的追逐目标，探索科学真理才是他一生唯一不变的心愿。

1867 年 8 月 25 日，像往常一样，满头白发的法拉第安静地坐在椅子里睡着了，从此就再也没有醒来。

法拉第静静地走了，按照他生前的要求，葬礼举行得非常简朴，只有为数很少的几个亲友参加。墓碑上仅刻着这样几行字：

迈克尔·法拉第

生于 1791 年 9 月 22 日

卒于 1867 年 8 月 25 日

法拉第在他的一生中做出了许多科学上的重大发现和发明。爱因斯坦说，法拉第关于磁场和电场的思想是"自牛顿时代以来，物理学基础所经历的最深刻的变化"。

世界大科学家成功故事

"自然哲学家应当是这样一种人：他愿意倾听每一种意见，却下定决心要自己做出判断。他应当不被表面现象所迷惑，不对某一种假设有偏爱，不属于任何学派，在学术上不盲从大师。他应该重事不重人。真理应当是他的首要目标。如果有了这些品质，再加上勤勉，那么他确实可以有希望走进自然的圣殿。"

——迈克尔·法拉第

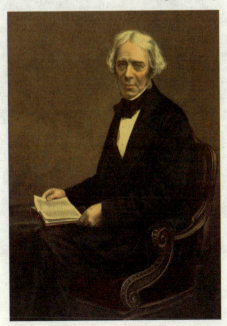

大事年表

1791 年	9 月 22 日，出生于伦敦一个铁匠家庭。
1804 年	在里波先生的书店里当学徒。
1812 年	听戴维教授在皇家学院的最后 4 次讲演。
1813 年	成为戴维教授的实验室助手。陪戴维教授出行欧洲。
1816 年	发表第一篇科学论文《多林尼加本生石灰化学分析》。
1821 年	发现了电磁旋转现象，并发表实验论文《论某些新的电磁运动及电磁理论》。
1823 年	氯气液化成功。
1824 年	当选伦敦皇家学会会员。
1825 年	任皇家学院实验室主任，创办星期五晚间讨论会。
1831 年	发现电磁感应现象。
1832 年	发现电解定律。
1839—1855 年	《电学实验研究》分三卷出版。
1841 年	到瑞士疗养半年。
1845 年	发现磁致旋光效应。
1848 年	正式在论文中使用"场"的概念。
1867 年	8 月 25 日逝世。

达尔文

达尔文进化论是一个伟大的学说，为 19 世纪三大科学发现之一。它首次勾画出了生命由简单到复杂、由低级向高级发展的图式，创立了自然选择理论，为生命科学的研究和发展奠定了科学的基础，有力地将"特创论"、"神造论"扫进了历史垃圾堆，为辩证唯物主义、历史唯物主义提供了科学的基础。然而，任何伟大学者及其显赫的理论都受到历史的局限，达尔文及其进化论也是这样，但在当时却是无比先进与革命的。这一壮举使达尔文的名字永载史册，他对人类的贡献将成为永恒！

富裕的家庭

1809年2月12日,查理·罗伯特·达尔文出生在英国古城舒兹伯利。这座古城是一个美丽的商业城镇,坐落在曲折的塞文河的河湾中,距伦敦200余千米。塞文河大桥把舒兹伯利引向了外面的世界。

达尔文的家庭非常富裕,他的父亲罗伯特·瓦尔宁·达尔文是当地非常有名望的医生。他的母亲苏桑娜·韦季武德是英国著名的韦季武德美术瓷器厂创办人的女儿。达尔文医生夫妇一生共养育了6个孩子,查理·罗伯特·达尔文排行第五。

达尔文从小就对收集树叶、鸟蛋、贝壳等有着强烈的兴趣。他常常将他的收集品细细摆弄很长时间仍爱不释手。当父亲嫁接果树和培养花卉时,达尔文总是兴致盎然地观看操作的整个过程。对于父亲教给他的植物名称,他总是很容易就记住了。

还在很小的时候,达尔文就表现出了与年龄不相符的孤独。他喜欢做长时间的独自散步,常常沉浸于凝思的状态。有一次,他沿着环绕舒兹伯利的旧墙基行走时,因为只顾凝神思考,竟从两米多高的墙上失足跌了下去。

1817年,8岁的达尔文被送进当地的一所私立小学读书。在学校里,他经常摆出行家的姿态,滔滔不绝地大谈自己的植物知识,给那些大家叫不出名字的植物命名。

达尔文对植物和它的变异发生了浓厚的兴趣。有一次,达尔文向他的同学莱登宣告了他使植物发生变异的方法:将几种有色的液体洒在报春花的植株上,这样就可以使

↑幼年的达尔文和妹妹。

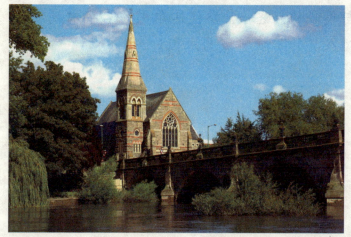

↪什鲁斯伯里,该城也是博物学家、进化论的创立者查尔斯·达尔文的出生地。

同一株报春花开出不同颜色的花朵。

一年后，达尔文已是舒兹伯利中学的中学生了。他在业余时间依然热衷于收集各种标本，同时也开始了动物学的学习。10岁时，他对地方动物志已相当熟悉。

在舒兹伯利中学，达尔文还利用从鸟类学书籍中学到的知识和方法来观察鸟类的习性，并做出鸟类学研究的标记。小达尔文发现，在刮着大风的傍晚，海鸥和鸬鹚很难顺利回家，因为它们总是沿着奇怪而又错误的路线飞行。

中学即将毕业的时候，受哥哥的影响，达尔文又对化学着了迷。他们在自家花园的工具房里布置了一个装备齐全的实验室，达尔文做哥哥的助手。他们每天不知疲倦地做各种实验，制造出种种气体和化合物。达尔文因此而被同学们赠予了"瓦斯"（英语音译，意思是气体）的绰号。后来在自传中，达尔文提起"瓦斯"这段经历时写道："它从实践上向我揭示了实验科学的意义。"

🔺 10多岁时，达尔文就发现海鸥在暴风雨的夜晚总是沿着错误的路线飞行，所以很难顺利回家。

爱丁堡大学

1825年秋季，按照父亲的安排，达尔文随同哥哥一起进入苏格兰的爱丁堡大学学习。

在19世纪，爱丁堡大学是欧洲久负盛名的医科大学，素有"医学博士的摇篮"的声誉。达尔文医生送他的儿子去爱丁堡大学，显然是出于"子承父业"的打算，他非常希望达尔文能成为高明的医生。

早在舒兹伯利中学的最后一年，达尔文就帮助父亲看护病人，他很善于得到病人的信任，因而对医学产生了兴趣。但是，爱丁堡枯燥的学习很快打破了他想当一名医生的幻想。那些解剖学、外科学等医学课程令达尔文大感枯

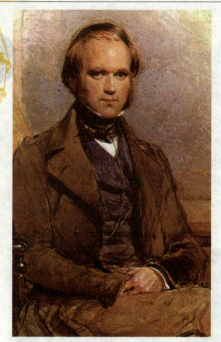

↑ 年轻时的达尔文

↑ 爱丁堡又名"北方的雅典",和古希腊的雅典一样,这个大都市同时也是一个学术中心。它为16岁的达尔文提供了一个全新的学术探索的沃土。

燥,残忍的外科手术观摩课更令他难以忍受。

那时麻醉药还没有问世,那些必须接受手术治疗的病人只喝几口酒之后就被推上了手术台,病人在手术过程中每每痛不欲生。而达尔文平时在制作昆虫标本的时候,总是事先将昆虫浸在月桂树和夹竹桃叶子的汁液中,让它们在麻痹状态中死去。对于这样痛苦的手术,达尔文又怎能忍心看下去呢?终于有一天,达尔文下决心永不当医生。但日后,达尔文承认了在爱丁堡时没有好好学习解剖实验对于他是一种不可弥补的过错,因为这方面的锻炼对他以后的研究工作是极为有用的。

在大学期间,达尔文结识了一些与自己志趣相投的年轻学者。这些人中,尤其对达尔文影响较大的是两位博物学家——罗伯特·格兰特博士和维利亚姆·马克·吉利弗雷。

罗伯特·格兰特对于医学和自然科学很有研究。从格兰特那里,达尔文第一次听说了拉马克的进化观点。不过,达尔文还在上中学的时候,就经常翻阅祖父的著作《动物生理学——有机生命的规律》。在那时,他对进化论已经有了模糊的认识。现在,拉马克的进化论对他已没有多少新鲜感。

格兰特还经常邀请达尔文一起去爱丁堡附近的福斯湾海岸。当海水退潮后,他们就一起收集留在海滩上的海洋动物,并对它们进行解剖。在所有的海洋动物中,他们发现了一种特殊的海鱼——海雀鱼。他们将海雀鱼仔细解剖之后,对鱼的内部器官,尤其对它的心脏和心脏瓣膜进行了细致的研究。

另一位博物学家

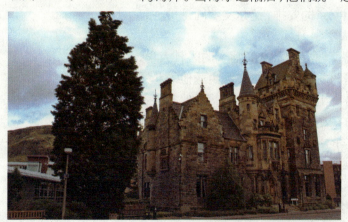

维利亚姆·马克·吉利弗雷,因研究软体动物和鸟类出版了一部论苏格兰鸟类的巨著而小有名气。他时常同达尔文谈论自然史中的各种问题,从他那儿,达尔文学到了许多有关鸟类的知识。

出于对动植物的极大兴趣,在爱丁堡,达尔文也收集了大量的标本。他有时随同当地渔民出海捕捞牡蛎,有时在打猎时捕捉鸟类,他还时常同他的朋友在海边收集小型海洋生物。达尔文曾向一位黑人朋友学习制作鸟类标本的方法,经过多次实践,达尔文也能非常娴熟地制作出漂亮的鸟类标本。

1828 年初,达尔文转学到剑桥大学学习神学。在剑桥大学,达尔文阅读了大量的书籍,其中,天文学家约翰·赫歇尔的《自然哲学的初步研究》和博物学家亚历山大·冯·洪堡的《美洲赤道地区考察记》对他产生了重大的影响。

《自然哲学的初步研究》激发了达尔文为神圣的自然科学奉献一切的渴望。《美洲赤道地区考察记》中对于美洲自然风光的描写和它所涉及的植物学、地质学知识深深吸引了达尔文。达尔文这位对"大自然的美最敏感的人"那时因《美洲赤道地区考察记》而对环球旅行充满了神往。

达尔文是一位思想活跃的年轻人,他还完全没有弄明白自己到底想要干什么。但很快他就找到了自己的方向,因为他很幸运地认识了一位改变自己一生命运的人——亨斯罗教授。

剑桥大学

世界大科学家成功故事

机遇与转折

　　亨斯罗教授是剑桥大学有名的青年博物学家,也是一名优秀的地质学研究者。他热情开朗,讲课时总是声情并茂,用的图解更是精致而美妙。

　　后来,经一位朋友介绍,达尔文结识了这位令他仰慕已久的学者。达尔文对于自然科学所表现的那种真诚的爱好和求知欲,以及他活泼灵敏的思维,令亨斯罗教授赞赏不已,他们俩很快就建立了亲密的友谊。在剑桥大学的后半期,达尔文成了剑桥人们称呼的"同亨斯罗教授一起散步的人"。

　　在这个时候,受亨斯罗的影响,达尔文开始学习地质学。对于地质学的钻研,达尔文的兴趣非常大。他一口气钻研了几本英国地质学方面的书籍,还绘制了一张舒兹伯利周围地区的地质彩图。后来,经亨斯罗介绍,达尔文还结识了著名地质学家塞治威克。1831年8月,达尔文趁暑假与塞治威克去北威尔士地区进行了一次地质考察。在剑桥期间,这次地质考察是达尔文比较重要的科学经历。他不仅从中学到了许多地质学知识,更重要的是,他还从塞治威克那里学到了一个科学家的工作方法。无疑,达尔文所掌握的地质学知识也为他的生物学研究提供了依据。后来,当他研究生物进化的时候,他就将地质变化作为促使生物进化的一个重要因素加以考虑。

　　与亨斯罗的友谊对于达尔文的一生有着极其重要的意义,在亨斯罗的推荐下,达尔文走上了那条令他成就伟大事业的"贝格尔"舰。

　　1831年夏天,亨斯罗教授收到剑桥大学天文学教授乔治·皮克的一

　亨斯罗与达尔文有着父子般的亲密关系。这种友谊对达尔文的事业发展影响很大。

封信。信中说英国政府准备派遣"贝格尔号"军舰去南部做一次科学考察，考察的任务是测量火地岛的南岸，然后对南海中诸多岛屿进行探访，并请亨斯罗推荐一位理想的博物学家一同前往。

亨斯罗向皮克推荐了达尔文，同时向达尔文发出了邀请信。当亨斯罗的信在达尔文的桌子上等了几天后，达尔文随塞治威克才从威尔士西部完成地质考察归来。

看到亨斯罗的来信，达尔文异常高兴，但却遭到了父亲达尔文医生的坚决反对。最终，达尔文的舅舅乔斯说服了达尔文医生。

即将来临的环球旅行，使达尔文为自然科学奉献一切的理想就要开始付诸实施了。无疑，这次考察是他一生中的机遇和转折，成为达尔文走向科学巅峰的必经之路。

达尔文的环球旅行

史诗般的环球旅行

1831 年 12 月 27 日，达尔文乘上"贝格尔号"军舰从普利茅斯港起锚向南大西洋驶去。从此，达尔文开始了他史诗般波澜壮阔的 5 年环球旅行。

"贝格尔号"是一艘三桅帆军舰，长约 27.5 米，排水量 235 吨，还配有 10 门大炮。在达尔文乘坐"贝格尔号"环球旅行之前，它已经服役 11 年了。

伴随着"贝格号"的起航，达尔文在探索自然科学的道路上迈出了第一步。也正是从那时起，物种起源和进化的秘密也慢慢地向人类开启。

"贝格尔号"军舰此次环球航行的路线是：由英国皇家海军军官罗伯特·菲茨罗伊舰长带领"贝格尔"的水兵、军官、医生及达尔文共 100 余人，出发后南下非洲，从非洲西海岸西渡南大西洋，到达巴西；又从巴西南下绕过麦哲伦海峡到达南美洲西海岸的利马和加拉帕戈斯群岛；再从加拉帕戈斯群岛横渡太平洋去新西兰和澳洲；然后由澳洲穿越太平洋经过好望角再次回到巴西，最后从巴西回到英国。

但"贝格尔号"带给达尔文的并不是长途旅行的浪漫感受，而是心脏病和晕船带给他的痛苦折磨。

在"贝格尔号"驶往美洲的航程中，通过热带时，达尔文从连日来的晕船之苦中恢复过来，开始大量收集标本。他用一个很大的网来捕捞海中的浮游生物。这些浮游生物有些色彩斑斓，有些奇形怪状，有些则龌龊不堪，但这些收集物都成了达尔文的宝贝，他用心对它们进行观察和研究。

1832 年 1 月，"贝格尔号"在佛得角群岛中最大的岛——普拉亚停泊了 3 个星期。在这个岛上，达尔文测量波巴布树的粗细，采摘香蕉树和咖啡树的花朵。每天还花大量的时间沿着海岸搜寻鸟类、昆虫和海生动物，观察这些动物的特征和习性，并尽可能多地制作标本。

后来，在"贝格尔号"靠近大西洋中一个荒无人烟的圣保罗岛时，达尔文又对这个小岛进行了登陆考察。一上岛，

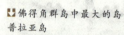

↪佛得角群岛中最大的岛普拉亚岛

达尔文就被岩礁上那些年深日久的鸟粪浮渣吸引住了。他断定，很久以前，这个岛上的第一批"移民"是一些寄生虫、鸟类和以鸟羽中的微生物为食的壁虱。活跃在这个岛上的还有一种叫雄性管鼻鹱的鸟的一个有趣的现象，它们总是为配偶衔来小鱼放在巢旁。当达尔文将雌鸟从巢中吓跑后，立即就出现几只大蟹将小鱼偷走，大蟹有时还大胆地掳走小鸟，使管鼻鹱陷入失子的悲痛中。敏感的达尔文被这个有趣的现象触动了，原来生物间存在着如此奇特的生存斗争。

在航行途中的 1832 年 11 月，达尔文收到了亨斯罗教授寄来的查尔斯·赖尔的著作《地质学原理》第二卷。这本书使达尔文触及了自然界中物种起源问题及是否存在变种的问题。但是，达尔文反对赖尔关于物种的起源和有关变种的观点。

带着众多的疑问，从环球旅行的第二年起，达尔文开始了他全新的考察。从这一时期开始，达尔文已经可以称得上是一名真正的生物学家。他对于自然科学的态度，从爱好升华到了理性的思考。

1833 年 2 月 26 日，"贝格尔号"顶着大风向福克兰群岛驶去。福克兰群岛上没有树，岛上的硬草将它的泥炭土壤覆盖得严严实实。达尔文走遍了全岛，捕捉了一些动物，并重点对海岸上巨大的无毛海生蛞蝓（软体动物的一种）属动物和白色海牛（一种软体动物，并非指海中的哺乳动物）属动物的卵进行了考察。达尔文发现，这两种动物一次就能产下约 60 万粒卵，但是海岸上长大了的无毛海生蛞蝓和白色海牛动物却很稀少。达尔文对此进行了深刻的思考，他认为，一定是这些软体动物及它们的卵极易成为海鱼的美食，因此，它们就通过大量繁殖的方式来延续后代。这种现象，不正说明动物具有适应环境的能力吗？

在离布兰卡港不远的彭塔阿尔塔（"贝格尔号"去布宜诺斯艾利斯的途中），达尔文注意到各种动物有着各种自我保护的能力。比如这

▲ 管鼻鹱在多山的近海岛屿上筑巢栖息。白天，它们在水面低飞，掠食水中的小鱼；傍晚，它们上岸归巢。达尔文从管鼻鹱身上看到了生物间的生存斗争。

▲ 蛞蝓，达尔文从它们的身上看到了生物具有适应环境的能力。

里的一种蜥蜴,它身上长着各种颜色的斑点,这种保护色使它在沙滩上不易被发现;冬眠也是动物对于寒冷环境的一种独特的适应方法。

在达尔文环球旅行的途中,像这样的事实还非常多,它们使达尔文更加充分地认识到了生物的适应性。

在彭塔阿尔塔,达尔文最大的收获是发现了化石。他在这里挖掘出了大量的贫齿类哺乳动物化石:大懒兽、磨齿兽、巨树懒等,它们同大象和犀牛一样大。达尔文注意到,正

↑化石

是在这个大型动物灭绝的地方,生活着小的树懒科动物,它们的体型要比那些曾经存在过的树懒科动物小得多。

那么,为什么那些大型动物会灭绝呢?现在的小树懒科动物又是如何变化来的?

大自然在这里又将变种的问题向达尔文提了出来。到底是怎样的一种神秘力量造成了物种的变化呢?在达尔文的头脑中,渐渐形成了生物进化的模糊意识。

↑现在生活在南美洲的树懒,它们比生活在若干万年前的祖先小了许多。

物种并非上帝创造

1835年2月8日,"贝格尔号"绕过合恩角,沿着南美洲,到达智利的一个靠近海岸的城市——瓦尔迪维亚。

2月20日,智利发生了强烈地震。3月4日,达尔文到达智利的康塞普西翁港时发现,地震造成的破坏在这个港口表现得尤为剧烈。康塞普西翁市的房屋全部倒塌,地震

掀起的巨浪将岩石拍击到海岸上，形成无数碎片，这些岩石上附着的海生生物也都因离开了海水而死去。

菲茨罗伊船长告诉达尔文，在离康塞普西翁港几英里（1英里=1.6093千米）外的地方，有一片礁石已超出海面（它们原来则淹没在海水中），上面附着贝类软体动物。很明显，在这片礁石上将形成新的化石层。

对地质学很有研究的达尔文明白，自然界曾发生过诸如地震这样的显著变化，如地震导致地形的变化——山体降低或升高，或者陆地下降、海洋出现……也发生不易觉察的缓慢变化，如气候对环境的影响等等。达尔文想到，地球运动会产生地质变化，那么自然界对物种的变化是否同样具有作用呢？这的确是一个大胆的具有革命性的想法。因为那个年代在人们的意识中，是上帝创造了一切，上帝是一切力量的源泉。

达尔文相信自己的推测是有依据的。他想起了过去地质考察时的发现：在一定的地质年代，埋藏着相应的动物化石，而越靠近地壳表面，化石越与现代的物种相像。这正说明，物种变化与自然界变化有很大的关系。

⬆ 贝壳化石

1835年10月，"贝格尔号"已经在漫长的航行中度过了4年光阴。15日，驶抵加拉帕戈斯群岛。

加拉帕戈斯群岛位于赤道之下，厄瓜多尔西部，从北向南延伸了300千米。它由阿尔贝马尔岛、查尔斯岛等15

⬆ 加拉帕戈斯群岛

个大岛、42个小岛及26个岩礁组成,总面积为7800平方千米。它远离大陆,与最近的大陆间的距离超过了800千米。

加拉帕戈斯群岛附近海域中有着独特的物种。这里的海水中生活着活跃的海狮,它们以海洋中丰富的乌贼为食。这个赤道上的群岛,还有企鹅生活在这里。

↑ 加拉帕戈斯群岛的陆鬣蜥

10月16日,达尔文登上了加拉帕戈斯群岛中的最大的岛屿——阿尔贝马尔岛。首先迎接达尔文的是岛上的大蜥蜴,它们有几米长。这些大蜥蜴有两种:海蜥蜴和陆鬣蜥。灰黑色的海蜥蜴以海中的藻类为食,脚上长着能游水的蹼,蹼的边缘还被它们自身的尾巴压成扁平状。凭着蹼,它们能游到离岸边几百米远的地方,栖息在沿岸的悬崖峭壁上。模样非常丑陋的棕褐色陆鬣蜥以昆虫和各种植物为食,它们活跃于丘岗上,跑来跑去,对达尔文的到来视而不见。它们的尾巴是圆的,脚趾之间没有蹼。

加拉帕戈斯群岛上的大乌龟也非常有趣。各个岛上的乌龟的大小、龟背斑纹都不相同,岛屿上的居民能轻易地辨认出它们栖居在哪座岛屿。

达尔文还发现,加拉帕戈斯群岛与美洲大陆相隔560海里的广阔海域,两个地域中的动物有着种属关系。他不久就发现:由于地质学方面的原因,比如海底暗流、风等因素,美洲大陆的有些生物移居到了加拉帕戈斯群岛,并在那里得到了发展。

达尔文发现加拉帕戈斯群岛上各个岛屿的土壤性质和气候相同,但各个岛屿的动物群和植物群却不相同,很明显,这些物种在这里产生了变化。但当

↑ 乌龟

time自然科学家们公认的观点是上帝在不同的环境中创造了不同的生物，一定的环境中生活着一定的物种，而且物种一经创造就永久不变。这一观点显然与达尔文发现的事实相矛盾，难道是上帝疏忽了？

在加拉帕戈斯群岛上，达尔文第一次提出了关于生物起源和进化的明确见解：物种并不是上帝创造的，物种也是可变的，是不断进化的。

在地质历史中，化石是古生物学的主要研究对象。一些古生物的遗体和它们的生活遗迹，经过自然界的作用，保存于地层中形成化石。达尔文的许多伟大发现正是对大量化石的研究而得出的。

世界大科学家成功故事

《物种起源》的创作

19世纪，欧洲各国纷纷对外实施殖民统治，残酷地杀戮、贩卖奴隶并劫掠他们的土地和财富。在整个的环球航行之中，达尔文深切同情各地土著人悲惨的命运。他痛恨奴隶制度，希望有一天能彻底消除它，为此他甚至和菲茨罗伊舰长有过激烈的争吵。

1836年10月2日，"贝格尔号"圆满结束了5年的航行，归航于英国法尔茅斯港。达尔文最大的收获是写出《航海日记》和沿途收集到许多标本。

10月4日，达尔文终于回到了他久别的舒兹伯利，长达5年的艰辛航行，使他的健康受到很大的损害。

那时在学术界，达尔文已经是一个崭露头角的青年科学家了，他还被选为地质学会和动物学会会员。

1839年1月29日，达尔文与表姐——埃玛·韦季武德结婚了。婚后，埃玛全力支持达尔文的事业，照料达尔文的生活，使达尔文沉浸于幸福之中。他们在伦敦生活了4年，后来在郊区的唐恩村买下了一座小庄园——唐恩花园。

达尔文的妻子就是他的表姐，名叫埃玛·韦季武德。埃玛是一个温存、善良的女子，不仅关心、体贴达尔文，而且支持达尔文的事业。

唐恩村位于肯特郡附近，到处散发着恬静幽雅的田园气息。在唐恩花园，达尔文过着一种很有规律的隐逸生活，他只是在外出治疗或拜访亲戚、参加学术会议时才离开家。

达尔文在唐恩花园度过了他生命中的40年。在这40年中，达尔文完成了《物种起源》和《人类的起源》等许多伟大的著作。

在40年的科学研究中，达尔文始终按照培根的原则工作。作为他理论依据的是大量的事实，这些事实来源于5年环球考察的所见所闻，以及大量的标本。

1838年，达尔文偶尔读到了马尔萨斯的《人口论》，这使他受到了莫大的启发。达尔文将马尔萨斯关于人类社会存在"生存斗争"的理论推及自然界，得出自然界也存在生存斗争的理论。他认为，在生存斗争中取得胜利的个体能产生较多的后代，而那些失败个体将被淘汰。生存斗争是推动生物进化的重要因素。

6年后的1842年，达尔文又根据家养畜禽人工选择的事实，悟出了自然选择的观点。原来，就像人工选择一样，大自然本身也在进行着选择。那些有利于生存的变异被保留下来，不利于生存的特点则被淘汰，自然选择是生物进化的主要途径。

至此，达尔文将生物进化的全部秘密揭示出来了，在自然选择的条件下，生物进行着生存斗争，适者生存，不适者淘汰。

1842年，达尔文开始系统地研究物种问题。两年后，他写出了230页的物种理论的概要。他收集、查证了大量的事实和资料，旁征博引，《物种起源》的写作思路终于在达尔文脑海中形成了。

1856年初，达尔文开始着手写

■ 在唐恩村度过了他生命中的40年的达尔文。

他的巨著《物种起源》。在《物种起源》的写作初期,达尔文的朋友、地质学家赖尔建议达尔文尽可能完整地阐述自己的进化论观点,然后将他的观点连同《物种理论概要》先行发表,以便取得理论上的优先权。但是达尔文认为,仅仅发表物种起源的一个理论概要,而忽略事实的证明,在他看来是不可思议的,这显然违背了自己一向恪守的工作原则。1858 年,达尔文已经写完了《物种起源》大约一半的内容。

这年 6 月,达尔文收到了青年生物学家华莱士的一篇论文和一封信。华莱士在文章中所阐述的关于生存斗争和适者生存的原则令达尔文非常惊讶,他随即陷入了被震慑后的茫然之中。经过慎重的思考之后,达尔文终于决定,将物种起源理论的优先权让给华莱士。但达尔文的两位朋友赖尔与植物学家约达·虎克却将达尔文的信和有关资料提交林奈学会,申请裁定物种起源理论的优先权。

1858 年 7 月 1 日,林奈学会确定达尔文拥有物种起源理论的优先权。因为达尔文关于物种起源的研究比华莱士早了十几年,而且深刻得多。

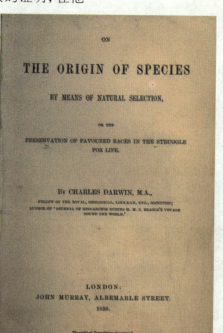

↑1859 年版《物种起源》的扉页

众矢之的

1859 年 11 月 24 日,生物学史上划时代的巨著《依据自然选择的物种起源》终于问世(简称《物种起源》)。这本鸿篇巨著包含了 14 章的内容,援引了大量的证据说明在自然选择作用下的物种进化规律。这本书理论的精髓正是自然选择,生存斗争,适者生存。它首先从观察"庭院变化"开始,讲明了家养条件下鸽子、马、花园里的花等的变异,提出了"选择"的作用。随后它又将这种"选择"推及自然界,通过大量事实,说明"自然选择"对于生物进化的重要作用。

在《物种起源》中,达尔文用大量篇幅说明生存斗争和自然选择的理论,并从地质学的角度讲述了化石和物种的地理分布,为自己的理论提供有力的证据。书中还涉及物种分类原则、胚胎的类似性等诸多方面的问题,还以少量篇幅谈及了人类的起源。

在这本厚达 600 页巨著的附言中,达尔文写下了几句极具预见性的关键语句——动物是至多只有四五个祖先的后裔,而植物的祖先也仅有相同或许更少的数目……所有的动植物也许都是从单一的原始种类遗传下来的。在当时这只是达尔文尝试性的结论,但 100 年后,这些结论却得到了准确的验证。

《物种起源》的出版有着划时代的意义,关于生物起源的神创论受到毁灭性的冲击,生物界所遵循的发展规律第一次得到了客观的反映,也正是从这一天起,人们对于生物界的观点开始转变。

此讽刺漫画反映了 1870 年代基督徒于"人类与猿类具有共同祖先"这个观念的反对。

但是,达尔文却成了众矢之的:一部分来自那些笃信宗教的人,他们信奉《圣经》中的万物是由上帝创造的,而且物种是不变的,这使他们惊恐万分。达尔文一时成了漫画家讽刺的焦点。

另一部分来自自然科学界内部的批评,尤其是对达尔文提出关于融合遗传理论与地球的年龄问题的批评。

在《物种起源》问世初期,融合遗传规律是被公认为正确的遗传理论。它认为,变种与正常物种进行交配的过程中,各种性状变异将融合成一种中间状态。进化论显然不符合融合遗传理论,达尔文认为生物由自然选择而产生的适于生存的特征将一代代传下去,并不会融合成中间状态。

正当达尔文为解决这一难题

而大费神思的时候，他的问题已经被奥地利一位修道士——孟德尔解决了。

孟德尔对豌豆进行了多年研究，他最终发现了生物的遗传规律——生物内部存在稳定的遗传因子，它控制着物种的性状，这些性状随着一代代繁衍而延续下去。在杂交的情况下，来自父方和母方的遗传因子使后代表现出父方或母方的特性，而这些特性是不能融合的。

孟德尔的研究成果能很好地解释达尔文的进化理论，只是孟德尔及其遗传研究不为当时的学术界所重视，他的理论未能及时得以传播。

对达尔文进化论的另一个致命冲击是关于地球的年龄问题。达尔文的进化论认为地球的年龄应不少于 3 亿年。而当时著名的热力学研究者开尔文勋爵运用地球冷却理论推算出的地球年龄只有 1000 万年。这个时间对于进化过程来说，实在是太短暂了。无疑，从这一点上看，达尔文的学说是立不住脚的。事实上，开尔文勋爵忽略了地球内部的热量，因而他算出的地球年龄值是太小了。

⬆ 孟德尔

世界大科学家成功故事

若干年后，《物种起源》所受的致命打击从反面说明了它的正确性，由此也证明了达尔文的进化思想是无比先进与革命的。

由《物种起源》引起的强劲风暴几乎使当时每一个英国人都席卷到《物种起源》的争论之中。在神权统治一切的年代，每一个科学规律的发现和确立都经历着异常艰辛的过程。

达尔文的朋友和拥护者与反对者经历了无数次学术激战。在他们中间，站在激战最前沿的是英国植物学家托马斯·赫胥黎，他多次在学术界召开的辩论会上侃侃而谈，陈述《物种起源》的先进思想，驳斥那些对《物种起源》的攻击和曲解。与赫胥黎正相反，英国牛津大主教威尔伯福斯是《物种起源》的坚

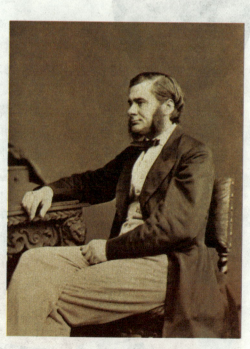

⬆ 托马斯·赫胥黎是达尔文最热诚的支持者、辩护者之一。

决反对者。

关于《物种起源》的另一种争论是达尔文与拉马克进化论的争议。当时，许多研究自然科学的学者并不赞成上帝创世说，但他们对达尔文的进化论也不以为然。在他们心目中，拉马克的进化学说仍被认为是最为先进合理的。

但是，随着时间的推移和进化论传播者们的努力，《物种起源》最终说服了人们。在《物种起源》发表10年后，绝大部分生物学家认同了达尔文的学说，达尔文及其理论最终在学术界占据了举足轻重的地位。

围绕生物进化论的学术争论是很有意义的。在争论的过程中，达尔文不断完善着他的学说。随着《物种起源》的再三出版，达尔文的进化论越来越完美，那些粗暴的评论和恶毒的攻击越来越少了，进化论赢得了越来越多的信仰者。

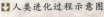
达尔文

《人类的起源》

发表《物种起源》之后的达尔文并没有终止他的创作，他的一些新著也相继问世：《兰花的传粉》《同种花的不同形态》《攀缘植物》等。

1864年11月，达尔文被授予英国科学界最高荣誉——皇家学会柯普利奖章。1868年，达尔文又出版了另一部生物学论著《动物和植物在家养下的变异》。这些论著为人们正确和深刻地理解《物种起源》起了很大的作用，生物进化规律也得到了越来越多的人们的赞同。

1871年2月24日，达尔文的另一部著作《人类的起源》出版了。达尔文用充满智慧的语言阐述了他的人猿同祖以及人是由低等动物进化来的理论。

人类进化过程示意图

在《人类的起源》中，达尔文以非凡的智慧论述了从猿到人的进化过程——生存和斗争的需要使猿人的手变得灵活，继而两腿直立了，这又导致了脊椎和骨盆构造的变化以及脑和颅骨体积与重量的增加，而脑和颅骨体积与重量的增加则无疑代表着智慧的发展，于是，人渐渐形成了。

达尔文关于人类起源的理论的确称得上是天才的论断，因为在达尔文去世之后，人类的祖先猿人（猿与人类之间的过渡类型）的化石才相继出土。

尽管达尔文年轻时在爱丁堡大学对医学很厌恶，但正是他所厌恶的那些解剖学、胚胎学等知识，长期以来引导他获得大量的动物学知识。这些动物学知识成了达尔文人类起源理论的依据。在《人类的起源》中，他首先从人体的构造讲起，说明人是哺乳动物；再把人的脚和手与动物的四肢相比较（这些相同部位的器官现在被称为同源器官），达尔文得出结论，人类和这些脊椎动物有共同的起源；接着，他引用了当时被人们所广泛接受的胚胎学方面的成就来证明人猿同祖的理论；最后，达尔文又列举了诸多返祖现象，例如，有些人有着像野兽一样摆动耳朵的能力等等。

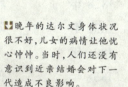
晚年的达尔文身体状况很不好，儿女的病情让他忧心忡忡。当时，人们还没有意识到近亲结婚会对下一代造成不良影响。

晚年，在观察出生不久的孙子们的表情的乐趣中，达尔文完成了《人和动物的表情》一书。

1882年4月19日，这位伟大的生物学家在唐恩花园平静地走完了他的一生。4月26日，达尔文如英国历史上的那些伟人一样，被安葬在威斯敏斯特大教堂墓地。与他同样享受此盖世殊荣的还有英国伟大的科学家牛顿、天文学家赫歇尔、地质学家赖尔等。为了纪念达尔文，人们在他考察过的加拉帕戈斯岛上，建造了达尔文研究所，铸造了一尊庄严的达尔文铜像。在这个曾经有过重大发现的地方，达尔文铜像神情肃穆，眼睛眺望着远方，脸上依然是那种惯有的思索神情。

大 事 年 表

1809 年	2 月 12 日, 查理·罗伯特·达尔文出生在英国舒兹伯利。
1817 年	进入一所私立小学读书。
1818 年	成为舒兹伯利中学的寄宿生。
1825 年	进入爱丁堡大学学习医学。
1828 年	转入剑桥大学学习神学。
1831 年	随同"贝格尔"号进行五年环球考察。
1836 年	"贝格尔"号结束航行, 达尔文抵达英国。
1838 年	阅读马尔萨斯《人口论》, 受到启发。
1839 年	同埃玛·韦季武德结婚, 后来移居肯特郡附近的唐恩村。
1856 年	开始写作《物种起源》。
1859 年	《物种起源》在伦敦出版。
1864 年	英国皇家学会授予达尔文柯普利奖章。
1868 年	出版著作《动物和植物在家养下的变异》。
1871 年	出版巨著《人类的起源》。
1882 年	4 月 19 日, 在唐恩花园去世。
	4 月 26 日, 达尔文被安葬在伦敦威斯敏斯特教堂墓地。

居里夫人

在所有令人瞩目的大科学家中，居里夫人——这位伟大的女性取得了在男性领域内的成功。她开创了放射学并倾其毕生精力从事这一学科的研究，为物理学、化学等诸多学科的发展开拓了一个全新的领域，她因此成为迄今为止唯一一位两次获得诺贝尔奖的女科学家。

爱因斯坦说："在我认识的所有著名人物中，居里夫人是唯一不为盛名所颠倒的人。"居里夫人的一生，正如她发现的镭一样燃烧自己而向人类贡献出巨大的能量。居里夫人是不朽的，是伟大的！

教师家庭

↑居里夫人的母亲布洛尼斯洛娃

在辽阔的欧洲大地上,有一个灾难深重的国家——波兰。这是一个被外国列强不断征服、不断奴役的民族。自18世纪90年代中期开始,沙俄、普鲁士、奥地利三国把波兰这片土地瓜分为三部分,他们各得一份,从此,波兰人民开始了漫长的被奴役的历史。

备受欺辱的波兰人民一次又一次组织力量,试图推翻沙皇俄国的统治,然而,每次起义都被镇压。起义者受到了残酷的惩罚,或被流放到遥远的西伯利亚或是当街处死。

正当波兰人民处于沙俄的统治时,1867年11月7日,伟大的科学家居里夫人诞生在首都华沙,父母为她起名玛妮亚·斯可罗多夫斯卡,昵称玛妮亚。

这是一个和睦的教师家庭,玛妮亚的父亲是一所大学预科学校的理科教授,精通多国语言。玛妮亚的母亲是一所普通学校的校长,具有广博的知识。

玛妮亚对知识有着强烈的兴趣和惊人的记忆力。5岁时,她已读遍了她身边所有的书:童话、寓言、历史、诗集。待她稍大一些后,她已埋头于父亲所教的物理教材中了。

除了阅读书籍,玛妮亚对父亲书房里的管子、瓶子以及各种精致闪光的玻璃器皿也极感兴趣。年幼的她还没能被获准进入这个摆满了瓶瓶罐罐的房间,却总喜欢踮起脚尖透过擦得发亮的玻璃窗往里看。父亲告诉她那叫做"物理仪器",小玛妮亚并不能完全听懂,但就是这些东西成了她从事伟大事业的工具。

↑华沙在今天依然保持着100多年前的建筑风格。不同的是,现在的人们过着自由、平静的生活。

19世纪60年代,在华沙,所谓的国王其实就是俄国沙皇亚历山大二世。俄国人颁布了严格的法规来控制波兰,并且派出了大批的警察和官吏,他们散布在各个角落,密切地监视着波兰人民。他们还派出了一大批俄文教师,规定所有的学校都不得再教授波兰文,学校只能教俄语,只能用俄语课本。沙皇的险恶用心显而易见,他们要让波兰人从小就忘掉自己的传统和文化。

1873年,6岁的玛妮亚被送到了学校。与别的学校一样,这所学校也安插有所谓的俄国督学,负责监视学校的教师和学生,阻止教师们私下教授孩子们波兰文。他们常常突然出现在教室,向孩子们提问俄语或俄国历史。每一次应付俄国督学突如其来的提问,记忆力最好的玛妮亚总是教师最放心的人选。虽然这样的提问令人屈辱,但也只能让玛妮亚闯过此关,以免使别的孩子受罚。

↑居里夫人的父亲乌拉迪斯拉夫·斯可罗多夫斯基是一位饶富情趣的学者。

在玛妮亚8岁时,一场可怕的伤寒夺走了玛妮亚的大姐索希亚年仅13岁的生命。小玛妮亚再也见不到她亲爱的大姐了,死亡第一次在她幼小的心灵里投下了可怕的阴影。真是祸不单行,3年后的1878年5月9日,母亲斯可罗多夫斯卡也永远地离开了人间。

家庭的不幸和屈辱的殖民生活,使玛妮亚的心智早早地成熟了。她全身心地投入到学习中,期望能以好成绩来改变残酷的现实。她常常沉浸在一本书里,周围的一切喧哗似乎都影响不了她。

↓下图是一幅19世纪后期名为《乡村学校》的油画。在当时,男孩子们有正式的座位,而女孩子们只能旁听。虽然玛妮亚出生时这种状况已经改变,但她仍然没有接受高等教育的权利。

1883年6月,玛妮亚中学毕业,由于出色的成绩,学校给她颁发了金质奖章。但在沙俄的统治下,波兰的女孩不允许接受高等教育,如果玛妮亚要继续学习,只能到国外去留学,但靠父亲微薄的薪水是无法支付出国所需的费用的,玛妮亚只好停学了。

巴黎大学

1884 年, 玛妮亚谋得了一份家庭教师的工作。教书之余玛妮亚和二姐布罗妮亚参加了在"流动大学"的学习。这是由一些爱国青年定期组织的秘密聚会, 他们在这儿可以听到波兰教师的讲课, 自由地互相交流自己对某一学科问题的看法。尽管这样的聚会相当危险, 然而, 爱国的青年们无一退缩。

神圣的科学殿堂的大门向玛妮亚慢慢地开启了, 她如饥似渴地学习着, 还一边用自己所学到的知识去教育平民妇女。玛妮亚为一个纺织厂的女工们授课, 并且搜集了很多波兰文书籍, 供女工们阅读, 但在如此紧张的气氛中, 毕竟得来的知识有限, 玛妮亚姐妹决定到巴黎去读书。但家里的境况并没有多大的改变, 最后, 只能先让二姐布罗妮亚先上完五年的医科学业, 最后再由布罗妮亚赞助把自己接到巴黎。

1885 年冬天, 18 岁的玛妮亚去了距华沙 100 千米以外一个叫什切青的农庄, 担任一份家庭教师的工作。

玛妮亚与她的雇主一家相处得很融洽, 她的两个学生——与她同岁的布朗卡和 10 岁的安齐亚也成了她的好朋友。她每天为这两个女孩教授 7 个小时的课程。后来, 玛妮亚又多了一项新的工作, 她把一些没有上学的孩子召集在一块, 每天下午给布朗卡和安齐亚辅导完功课后, 又开始为这一群小学生授课。玛妮亚教他们识字, 让他们了解祖国的文化和历史, 看着他们一天比一天有进步, 玛妮亚心里感到特别安慰。

就这样, 玛妮亚在乡下度过了三个春秋。在这期间, 玛妮亚一刻都没有忘记萦绕在心中的理想, 她埋头于各种书籍, 为她进入大学做着必要的准备。在所有的科目中, 玛妮亚尤其迷恋数学和物理这两门学科。她吸收她所能接受的所有知识, 一旦遇到疑难问题, 她就通过书信的方式向父

⬆ 1884 年, 17 岁的玛妮亚离开父亲开始了独立的生活。她成为一位家庭女教师。这样的生活并不是玛妮亚想要的, 而是出自于生活的窘迫。

⬆ 姐姐布罗尼亚和玛妮亚

亲请教。

1889 年 9 月，玛妮亚又回到了华沙继续从事家庭教师的职业和参加"流动大学"的学习。

这期间，玛妮亚平生第一次进入了实验室。这个实验室设在一个以"工农博物馆"的名字做掩护的秘密学校里。玛妮亚常常钻在实验室里，尝试进行物理和化学课本上所讲的各种简单的科学实验。这种尝试为她后来的科学研究奠定了坚实的基础。

1891 年 9 月，玛妮亚用积攒了 6 年的卢布换来了一张去法国巴黎的四等车厢的车票，登上了开往巴黎的火车。

在巴黎，到处弥漫着自由的空气。这里来自世界各地的人们说着他们的母语，读自己喜欢的书籍，新的思想与观念时刻有发表的权利，此时，玛妮亚也成了其中的一员。

世界大科学家成功故事

↑ 年轻的玛妮亚

这年 11 月，玛妮亚进入了巴黎大学理学院，她用法语拼写的名字是玛丽·斯可罗多夫斯卡。玛丽终于成为自己心目中的神圣殿堂——巴黎大学的一名大学生了，她全身心地投入到学习之中。但玛丽却遇到了困难，她从来很自信的法语，在课堂上竟然一点也听不懂，尤其是教授们用流利快速的术语讲授物理讲座时。但面对困难，坚强的玛丽没有退缩，她几乎把所有的时间都花在了学习上，教室、图书馆、实验室是她最常去的地方。她专心致志，寒冷的冬夜，她都坚持学习到很晚。正如她后来所写的："好像有一个全新的世界向我打开了，一个科学的世界，我终于可以随意地去认识它。"

↑ 巴黎大学

玛丽过着一种极为简朴而充实的生活。为抵御严寒，她不得不把她所有的衣服都压在被子上，有时她甚至在上面加上椅子。由于缺乏营养及睡眠，她曾经好几次晕倒在地。

就这样，经过 4 年艰苦的学习，1893 年 7 月，玛丽顺利通过了物理学学士学位的考试，并取得了第一名的骄人成绩。玛丽因此荣获了波兰为有志出国的学生提供的一年 600 卢布的奖学金，这样她才得以继续留在巴黎大学攻读数学。1894 年 7 月，27 岁的玛丽获得了数学学士学位。

与比埃尔·居里的相识

具有强烈的爱国主义思想并痴迷科学的女大学生玛丽把恋爱和结婚从她的生活计划中抹掉了。她为自己建立了一个极端严肃的秘密"宇宙"——对受压迫的祖国和家庭的依恋，由热爱科学的情感支配。她希望在取得学位之后返回波兰执教，为祖国和家庭尽一份力。

1894年，玛丽接受了法国全国工业促进协会的邀请，研究各种钢铁的磁性。因工作上的需要，玛丽结识了一个在理化学校工作的很有才能的学者——比埃尔·居里。

35岁的比埃尔·居里是一位小有名气的物理学家。早在1880年，他与哥哥雅克在共同研究结晶体的过程中，就发现了压电现象。后来，由于实验研究的需要，发明了压电石英验电计。它可用来测量很少的电荷及很微弱的电流。这一仪器在比埃尔和玛丽共同从事放射性研究的实验时，派上了很大的用场。

比埃尔对物质的磁性问题深有研究，他发现磁性物体在一定的温度下会失去磁性，这一温度现在就被称为居里点。比如，铁的居里点为800℃，镍的居里点为350℃。

科学史上最著名的一对夫妻就这样相识了，这一次的相识不仅改变了玛丽和居里个人的命运，甚至在一定程度上也改写了科学的历史。

对科学的共同爱好和为人类贡献一切的伟大理想使玛丽与比埃尔走到了一起。

1895年7月26日，玛丽和比埃尔举行了一个极其简单而又庄严的婚礼。

比埃尔自小就对大自然有着与众不同的热爱与眷恋，这一点与玛丽是一致的。因此，他们买了两辆自行车，骑车去巴黎幽静的郊外，度过了蜜月。

婚后的生活繁忙了许多，爱情与工作已紧紧地把玛丽与比埃尔联系在一起。比埃尔获得了博士学位，被巴黎理化学校聘请为教授，玛丽也

新婚的居里夫妇在田园般的蜜月里，互相爱恋着、沉醉着。对事业的执著追求和对科学的共同爱好使他们之间产生了伟大的爱情。

获准在该学校实验室工作。他们的结合很幸福,两人常常相互学习、相互鼓励。

这期间,比埃尔继续着他对水晶的结构及其形成的研究。而他的妻子——居里夫人也着手研究钢的磁性,并且以第一名的成绩通过了教师资格考试,具备了当教师的资格。

1897年9月,居里夫妇的第一个孩子——伊伦娜出生了。就在这一年,居里夫人发表了她的第一篇学术论文《火钢磁性的研究》,并开始了考取博士学位的计划。

居里夫人阅读了法国的科学家亨利·贝克勒耳的最新实验报告,报告中提到了他对X射线的研究。

X射线是1895年德国的物理学家威廉·伦琴发现的,因为其具有极强的穿透力,所以很快就被应用于医学。贝克勒耳对X射线进行了进一步研究,在经过多次实验后,贝克勒耳终于得出结论:这种新射线是从铀原子本身发出,不受外界条件的影响。

居里夫妇和他们的第一个孩子伊蕾娜。

历史将解开射线之谜的钥匙交给了居里夫人,从1898年2月6日起,在理化学校的一间冰冷潮湿的小储物室里,居里夫人开始了她对射线之谜的探索。

首先,她想要测量出贝克勒耳射线——铀发出的射线强度有多大。她收集到所有她能收集到的金属和矿物的样品,并一一对它们进行了测试。

很快,她的第一个结论出来了,含铀物质的射线强度仅仅取决于样品中铀的含量。居里夫人感到这是一个非常不同寻常的现象,它同任何东西都不相像,也不受任何东西影响,但它的确存在。

当时已知的化学元素共有83种。居里夫人设想,除了铀之外,其他的82种元素是否也会发出类似铀发出的射线呢?于是她把所有的化学元素都进行了测试,结果发现一种名为钍的元素也发出了类似的射线。并且,从验电计测量的结果来看,它们的强度是一样的。

居里夫人为这些射线命名为"放射性"。

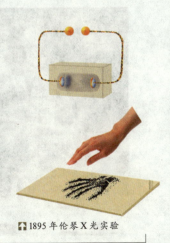

1895年伦琴X光实验

世界大科学家成功故事

放射学的诞生

居里夫人决心弄明白发出射线的物质,她又收集了各种天然材料的样品,有矿物、矿石等,并对它们进行一一测试,她把更多的注意力集中在了含有铀或钍的样品上。

居里夫人测量了一种叫做沥青铀矿的样品,结果完全出乎意料。这种矿物的放射性比她以前测试的含铀量相同的化学药品大4倍。反反复复,她把实验重复了20多次,每一次的结果都是一样的。

因为实验的结果只有一种解释,在沥青铀矿里肯定还存在某种比铀和钍的放射性更强的物质。

居里夫人设想这些矿物中一定含有一种新的、完全不为人所知的放射性元素。但别的科学家根本不相信居里夫人的假设,他们认为一定是居里夫人在实验过程中出了错。

1898年夏天,比埃尔决定把自己关于晶体的研究搁在一边,和妻子一起开始研究。

居里夫妇用分离沥青铀矿的方法来寻找新元素,结果发现含已知元素铋和钡部分的放射性特别强。7月,他们从含铋的部分中确认了一种新的元素。为纪念居里夫人的祖国波兰,这种新的放射性元素被命名为"钋"。这年12月,居里夫妇又从含钡的部分中确认了另外一种新的元素,

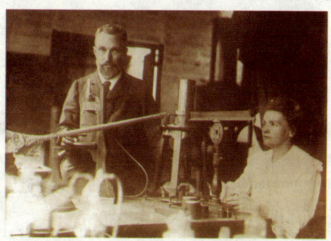

↪ 皮埃尔和玛丽·居里在实验室

他们把它命名为"镭",拉丁文里为"放射"的意思,它是当时所发现的放射性最强的元素。

居里夫妇决定先从提纯镭开始,因为将镭从钡中提纯出来要比把钋从铋中提纯出来容易得多,而且镭的放射性比钋要强。

他们以较低的价格

获得了奥地利一家工厂所提供的几吨沥青铀矿废渣。一所理化学校后院一个遗弃的棚屋成为他们新的研究场地。有一位德国化学家曾评价说"看起来那似乎更像是马厩或马铃薯贮藏室"。的确，这里的条件比小储藏室更差。棚屋的玻璃顶不能完全挡雨，夏天热得闷人，冬天异常寒冷。因为没有更多的钱，他们只能添置一些普通的化学仪器，不过是些炉子、汽灯和旧松木桌子，以及比埃尔的验电计。这里唯一的好处是可以把沥青矿渣堆在屋前的空地上。

🔼 皮埃尔和玛丽简陋的棚屋实验室

他们要做的大量工作是分离和分析。居里夫人从事物质的分离，而比埃尔专门进行每一次分离过后的测量。但这种工作是一种极为累人的体力活，居里夫人一次要处理 20 千克的原料，在她分离之前要先清除松针及其他的杂质，然后把它磨碎并与碳酸钠进行反应。这样它就分离成固体和液体两个部分，倒掉液体，再把留下的固体溶于酸中。为了剔除那些已知的元素，要把各种不同作用的化学药品放入溶液进行反应。

🔼 皮埃尔·居里发明的验电器。虽然它问世较早，但直到居里夫人进行研究时，才正式被使用。

居里夫人有时甚至不得不花费一整天时间，用一根沉重的、几乎和她身高一样长的铁棒搅动锅内沸腾的物质。往往一天下来，她几乎都累垮了。天气如果好一点，居里夫人就在院子中进行工作，而一旦下起雨来，她只好在室内进行。这样，所产生的有毒的烟雾就不能很好地排放出去。即使是打开室内所有的窗户，他们呼吸的仍然是带有强烈刺激性气味的气体。

就这样，居里夫妇在日复一日、年复一年的实验研究中度过了 4 年。1902 年的冬天，他们终于提炼出 0.1 克镭，镭的提炼，预示着放射学的诞生。

面对新的问题，居里夫人设想组成物质的原子内部有更细小的活动着的微粒。

当时的科学家认为，物质构成的秘密就是所有的元素都是他们称之为原子的物质构成的。原子是最小的组成

↑正在做实验的居里夫人

单位。

虽然，居里夫人对她的这个设想没能亲自再做研究，但一些科学家们还是从她的这个设想中得到了直接的启示。居里夫人的镭和她关于放射性来源的设想成了打开原子结构这扇大门的钥匙。她的发现大大缩短了人类通往核时代的进程。

这期间的1900年，镭的另一个重要用途被比埃尔和贝克勒耳发现。

既然镭能够破坏正常的人体细胞，那么它对于病变细胞也会产生作用。随着后来几年医生们做的一些试验，比埃尔的想法被证实了。医生们用装有镭放射物的试管对癌症患者进行治疗，获得了成功。这种治疗癌症的新技术被命名为"居里疗法"。

两次获诺贝尔奖

1903年6月25日，在经历了5年艰辛的探索之后，居里夫人终于获得了博士学位，成为欧洲第一位女博士。与此同时，居里夫人还获得英国皇家协会颁发的戴维奖章。

就在这一年，居里夫妇与贝克勒耳一起分享了诺贝尔物理学奖。但是，他们没有亲自去瑞典领奖，因为实验大大折损了居里夫人的健康，颁奖时，她的身体还没有完全恢复。

在提纯镭的过程中，放置在镭周围的任何物质本身都会变得具有放射性，正如前所说，镭的放射性可以杀死癌变的细胞，当然，它也可以杀死正常的细胞，居里夫妇在毫无防护措施的情况下工作了整整4年。居里夫人的体重下降了10千克，而比埃尔一直被风湿病所困扰，他的关节疼痛，手指颤抖，甚至握不牢小小的试管。他们常常感觉到疲惫不堪、精神不振。具有巨大放射能量的镭已开始要求它的发现者付出生命的代价了。1905年6月，居里夫妇到达斯德哥尔摩，比埃尔作了获奖致辞。

一时间，居里夫妇成了公众赞誉、记者追逐的焦点人物，他们的价值在法国受到重视。1904年，巴黎大学聘比

↑居里夫人获得学位时所拍的照片

埃尔为物理学教授，居里夫人成了巴黎大学为比埃尔专门设立的实验室主任。

就在这一年，居里夫妇又迎来了他们的第二个女儿伊芙。伊芙可爱活泼使居里夫妇在紧张的工作之余得以放松和愉悦。

1906年4月19日，这一天是居里夫人一生中最为锥心刺骨的时刻。就在这一天，比埃尔·居里因一场车祸永远地离开了妻子和两个不到10岁的孩子。

仅仅是在转瞬之间，比埃尔就死了，居里夫人失去了一个与她志同道合的朋友和伴侣，但她拒绝了给予她的抚恤金，她认为自己还是一个可以工作的人，她还要将她与比埃尔未竟的科学事业进行下去。比埃尔曾对她说过："即使我不在了，你也应当继续工作。"

4月21日，为比埃尔举行了葬礼，居里夫人坚持将丈夫葬在了他们家族的墓地里，并且在他的墓穴旁边为自己留下了一个位置。

比埃尔走了，居里夫人继任了他在巴黎大学的教授一职。在独创了那么多的第一之后，居里夫人又成为了第一位站在这所欧洲闻名的学府——巴黎大学讲台上的女性。大街小巷，人们都在热切地谈论着这件新鲜事，共同期待着居里夫人的第一次授课。

1906年11月5日下午1时30分，玛丽·居里准时走上了讲台，蜂拥的人群挤满了那间教室，堵塞了理学院的走廊，有的甚至站在操场上。在这些人中，除了学生，还有许多知名人士和普通人，人们都静默着等待居里夫人说第一句话。

居里夫人沉着地面对听众，冷静地开始了她的第一堂课："在观察近10年来物理学上的进步的时候，人们对于我们在电气和物质方面的思想进展表示惊异……"

居里夫人的讲座正是从比埃尔最

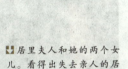
居里夫人和她的两个女儿。看得出失去亲人的居里夫人眼神依然是坚定的。

后一次讲座结束的地方开始的。这是一位多么坚强而又伟大的女性啊！很多听众感动得热泪盈眶，那句看似冷冰冰的话语里隐藏了怎样深切的哀痛！

居里夫人的声音保持着一种持续的平静与清晰，在这个神圣的讲台上，她是一位真正的教授。

在忙碌的工作之余，居里夫人还把大部分精力放在教育子女上。居里夫人与琼·佩兰、保罗·郎之万等几位同事共同组织了一个学习班，每个人负责给孩子们教一定的科目。

结果证明了这种授课方法是非常有效的。这个小团体变成了培育偏重于科学方面的精英人物的学校，大部分孩子后来都在科学领域作出了重要贡献。这一阶段的学习，使居里夫人的大女儿伊伦娜为以后的科学研究奠定了良好的基础。

1910 年，居里夫人与她的助手德比尔纳合作，经过艰辛而巨大的劳作，终于分离出了纯金属镭。1911 年，居里夫人因此获得诺贝尔化学奖，成了第一位两次获此殊荣的人。

失去皮埃尔的居里夫人，除了给学生上课、教育子女外，继续投入到科学研究中。

1912 年，在巴黎大学和巴斯德（灭菌）研究中心的支持下，在比埃尔·居里路上建造了一所专门从事放射学和居里疗法的镭研究院。

在战乱中奔波

1914 年，就在镭研究院竣工之时，第一次世界大战爆发了。德军一天天向巴黎逼近。法国政府迁往波尔多，接着巴黎市民也开始向乡下迁移。政府为了安全起见，要求居里夫人带上实验室里的镭到波尔多去。在紧张严峻的战事中，沉着的居里夫人带了 1 克重的镭来到波尔多，把镭放置到一个安全之地后，她又返回巴黎。

居里夫人在自传中写道："那个时候，每个人肩负的主要责任，是用一切可能的方式帮助国家度过它面临的严重危机。国家没有给大学职员任何这方面的指示，但是每个人都自己采取了积极行动。我也试图找到最有效的方法来做有用的工作，让我的科学知识为法国发挥出最大的效益。"

尽管非常厌恶战争，但居里夫人依然很快就做出决定，停下手头的研究工作，为法国的胜利尽一份力。她能做的事情显而易见，前线的伤员需要得到及时的治疗，而 X 光设备能帮助医生们在最短的时间内找到人体中的弹片。居里夫人马上就投入到制造移动轻便的 X 光设备的工作中，以便使伤员得到更好的治疗。

居里夫人搜集了所有的仪器设备，用这些设备建立起了几个放射站，但这几个放射站难以满足巴黎地区所有医院的需求。后来，在居里夫人的争取下，得到了人们捐赠的 X 光设备和汽车。在这辆汽车上，居里夫人装置了放射设备，凡是有需要的医院，都可以向这辆车发出求救。在法国和比利时军队所在地区，居里夫人建了大约 200 来个放射治疗站。

1914 年 10 月底，居里夫人和由教授、科学家与工程师组成的志愿者们带着 20 辆汽车开赴前线。他们此行除了为伤员做 X 光检查外，更主要的是为战地医院培训使用 X 光设备的操作员。在居里夫人的车上，她 17 岁的大女儿伊伦娜成了她的助手，这使居里夫人深感欣慰。但面对奄奄一息的伤员，居里夫人对战争极其憎恨。

在医院里，居里夫人与医护人员并肩工作着。1916 年，伊迪丝——卡威尔医院的护士学校里又多了一个 X 射线医学班。居里夫人培训了 150 名妇女，尽管有些人仅受过有限的教育，但因居里夫人教授方法得当，她们在工作中表现得极为出色。在这期间，居里夫人写下了一本《放射学与战争》的小册子。

下图为居里夫人和她的"X 光汽车"

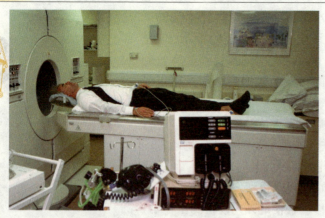

⬆X 光使用放射线照相术和其他技术产生诊断图像，帮助医生们在最短的时间内找到人体中的弹片。

那恼人的病痛与疲劳一直纠缠着居里夫人，她的身体越来越虚弱了，但在战乱中，她依然奔波不止。居里夫人跑遍了全巴黎的 400 家医院，甚至赶到了比利时的医院里，去教那里的人们怎样使用 X 光机器。在整个战争期间，约有 100 多万人接受了居里夫人的 X 光机器的检查，并因此而获救。

1918 年秋，战争终于结束了，而最让居里夫人感到欣慰与激动的是波兰独立了。后来，居里夫人在自传中写道："在牺牲了那么多的生命获得胜利后，有一件事使我感到莫大的快慰。那就是我的祖国——波兰独立了，我从没有梦想过在我有生之年这一梦想能得以实现。在一个多世纪里，我的祖国一直都处于土地被瓜分、人民被奴役的状态中，现在波兰民族得到复苏，这表明在长期的压迫中，在几乎没有希望的情况下，她的人民仍然忠于自己的民族精神。这个梦想虽然那么宝贵，看起来那么难以实现，但随着席卷欧洲的那场风暴却成了现实。在这种新形势下，我又回到了离开多年的华沙，在自由波兰的首都看望我的老家。"

简单的愿望

战争终于结束了，居里夫人又回到了自己的研究岗位，镭研究院可以正式启用了。但现在，这位被誉为镭的母亲——一向清贫的居里夫人甚至连 1 克镭也没有。

其实，居里夫人完全可以在发现镭时就为自己的提炼技术申请一项专利。这样，她就会即刻变得非常富有，过上一种舒适的生活，而不必再那么辛苦地工作。如果她仍愿意工作的话，至少她也可以为自己改善一下工作环境。但居里夫人天性中固有的科学良知使她放弃了这种诱惑。

她拒绝以此来谋一己之私利，她坚持将提炼镭的方法公布于众，她说："它是一种元素，它属于所有的人。"

美国杰出的新闻记者麦隆内夫人对居里夫人仰慕已久，在她用尽心思得以采访居里夫人时，麦隆内夫人为居里夫人简朴的装束、简陋的实验室以及谦虚的个性惊讶不已。最后，当她问起居里夫人当前最大的心愿时，居里夫人的回答是："希望能得到 1 克镭，从而能够继续自己的研究工作。"

麦隆内夫人被这位伟大的女科学家的朴素心愿所感动，回到美国，她想尽了一切方法，在全国巡回演讲，向人们宣扬玛丽·居里的故事以及她简单的愿望。

这场募捐活动盛况空前，不到 1 年的时间，麦隆内夫人已筹集到足够购买镭的款项。麦隆内夫人致信居里夫人，希望她能亲自来美国旅行并接受全美国妇女的馈赠。

居里夫人接受了邀请，虽然她一直不喜欢抛头露面，并且身体状况丝毫不见好转，但她深知这 1 克镭代表了美国妇女厚重的深情。于是，她带着 16 岁的伊芙和 23 岁的伊伦娜来到了美国。居里夫人一行所到之处，都是摇动的旗帜和热烈的掌声。1921 年 5 月，在美国白宫，总统哈定亲手把装有 1 克镭的铅盒的钥匙交给了居里夫人。但就在仪式举行之前，居里夫人坚决要求更改证书上的文字，把获赠人由她个人改为了镭研究院。居里夫人说，镭应该属于研究院，而不是她自己。

⬆上图为 1921 年，居里夫人带着两个女儿——艾芙和伊蕾娜访美时的合影。

病　逝

临近 1920 年末，居里夫人经常感到疲倦、头晕，并时有发烧和耳鸣，她的视力也在慢慢下降。和她一起研究放射性的许多同事也表现出了同样的症状，还有一些人竟死于早期癌症。很长一段时间，居里夫人都不愿承认她和丈夫

↑居里夫人奖章

发现的这个元素具有危险性，但最后她还是接受了这个事实。1930年，她的健康状况明显恶化。经医生检查，最后终于找着了病因：由于居里夫人长年累月暴露于镭辐射之下而导致的白血病。但即使这样，居里夫人依然没有停止她的研究工作。

1934年1月，居里夫人的事业又一次获得巨大的成功。在她的指导下，大女儿伊伦娜与女婿弗雷得里克·约里奥发现了镭射线的另一个重大的秘密——使用镭射线撞击某些金属，可以使其变成一种新的具有放射性的物质。这样，人们可以进一步地掌握和利用放射性了。科学家们可以为现代科学、工业、农业及其他许多不同领域提取放射性物质了。一年后，伊伦娜和弗雷得里克为居里家族第三次捧回了诺贝尔奖。

居里夫人一生曾得到过15个金质奖章、19个学位和其他数不清的荣誉头衔，但她从来都是谦虚的，并不把这些作为炫耀的资本。居里夫人晚年的时候，有人问她打算什么时候写一本自传，她回答说："我的生命只是一个简单而平凡的小故事。我出生于华沙的一个教师家庭，我和比埃尔结婚并有了两个孩子，我在法国工作。"

↑居里夫人

1934年的7月4日，在疾病的困扰中，居里夫人静静地离开了这个她为之奋斗了一生的世界。

7月6日这天，居里夫人被安葬在比埃尔·居里旁边。没有演说，没有仪仗，也没有一个政治家和官员在场。墓碑上铭刻着：玛丽·居里·斯可罗多夫斯卡，1867—1934。

第二年，在众多的科学著作中又多了一本不朽的巨著——《放射学》，作者：玛丽·居里。

1995年，居里夫妇的遗骨被移至巴黎的先贤祠。跟他们一起长眠于此的还有大文豪维克多·雨果、政治家琼·饶勒斯和抵抗运动战士琼·穆林，而居里夫人是埋葬在这里的第一位女性。

居里夫人逝世了，也许她的生命过程正像她倾其一生所研究的放射性物质——镭一样燃烧自己而向人类贡献出巨大的能量。

居里夫人的发现，将世界推向了另一个时代——原子时代。后来又经过许多科学家辛勤的工作，发现了当原子核分裂或聚集的时候会释放出巨大的能量。原子弹就是根据原子分裂的"链式核反应"制造出来的。1945 年 7 月 16 日，在新墨西哥州的沙漠里成功地爆炸了第一颗原子弹。核物理学家费米和他领导下的物理小组于 1942 年在美国芝加哥大学建立了世界上第一个核反应堆，它标志着核能时代的到来。核电站可以说是核反应堆在生产建设中最为广泛的应用了，它利用核裂变产生的能量，将它转化为电能。1954 年，世界上第一座核电站在苏联建成。

现在，全世界共有核电站 400 多座。1991 年，我国秦山核电站建成发电。1994 年，广东的大亚湾核电站也成功地并网发电。

从放射物的发现到核能的发展、应用，人类从中获得了巨大的经济利益。但是也不应忘记 1945 年投在广岛、长崎的两颗原子弹给日本人民带来的巨大灾难。在此，我们应该想起比埃尔·居里在 1903 年诺贝尔物理学奖获奖演说中的一句提醒："如果镭落到了坏人手中，它就会成为非常危险的东西……我相信，人类从新发现中获得的美好的东西将多于它带来的危害。"

核电站是以铀等核燃料在核反应堆中发生特殊形式的"燃烧"——核裂变来产生热量，这些热量再把水加热成蒸汽来推动发电机工作。

大 事 年 表

1867 年	111 月 7 日,玛妮亚·斯可罗多夫斯卡出生于波兰华沙。
1873 年	进入学校读书。
1878 年	母亲去世。
1883 年	中学毕业荣获一枚金质奖章。
1891 年	前往巴黎求学。
1893 年	以第一名的优异成绩获得物理学学士学位。
1894 年	和法国物理学家比埃尔·居里相识。获得数学学士学位。
1895 年	和比埃尔结婚。德国科学家伦琴发现 X 射线。
1897 年	发表论文《火钢磁性的研究》。
1898 年	发现元素钋和镭。
1902 年	提炼出 0.1 克的镭。
1903 年	获博士学位。与丈夫比埃尔及贝克勒耳获诺贝尔物理学奖。
1906 年	比埃尔遇车祸逝世,接任丈夫的工作。
1910 年	提炼出纯净的金属镭。
1911 年	获诺贝尔化学奖。
1912 年	建造镭研究院。
1914 年	第一次世界大战期间使用 X 光设备为伤员治疗。
1934 年	7 月 4 日,居里夫人死于镭辐射而导致的白血病,终年 67 岁。
1995 年	居里夫妇的遗骨被移至巴黎的先贤祠。

马可尼

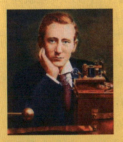

自 1831 年法拉第发现磁产生电，到 1886 年德国物理学家赫兹在实验室里证实了电磁波的存在之后，人们开始意识到电磁波可以利用到无线电通信技术之中。9 年后，意大利发明家古列尔莫·马可尼脱颖而出，他第一个说明并且用赫兹波成功地传送简明易懂的信号，从而使处于摇篮时代的无线电事业布满了全球。

20 来岁时，马可尼就开始幻想要使无线电波从世界的一端发送到另一端。27 岁时，他实现了这一理想，成为世界公认的"无线电之父"。马可尼的无线电通信在科学领域，不仅具有极其重要的位置，在信息时代迅速发展的今天，更显示出非凡的力量。

不出色的学生

19 世纪以前，人们对电的认识是极为有限的。19 世纪上半叶，电磁学理论得到了巨大的发展。1864 年，英国物理学家麦克斯韦研究了法拉第的电磁感应理论，用数学的方法预言了电磁波的存在。

1874 年 4 月 25 日，就在麦克斯韦预言后的 9 年，在意大利北部的古城波伦亚诞生了一个男婴，他就是后来无线电的发明者——古列尔莫·马可尼。

马可尼的父亲盖斯普·马可尼是一个精明的商人，他从父亲那里继承了格里福内别墅和一个农庄。古列尔莫·马可尼一出生，他们全家就搬到了离波伦亚 17 千米的格里福内别墅。格里福内别墅建在山丘上，在这里，隐隐约约可以看见远处高耸着起伏的亚平宁山脉。

马可尼在优越的家庭环境中过着快乐而无忧无虑的生活。夏天，他们住在漂亮的别墅里避暑。寒冬来临，他们一家又搬到气候温和的佛罗伦萨或英国等地方，马可尼童年的大部分时光是在旅游中度过的。

马可尼的母亲安妮的姐姐住在意大利西海岸的里窝那港，母亲常带马可尼和哥哥阿尔芬索去那里过冬。

里窝那是意大利的主要港口，在这里度过的日子，马可尼常常被那宽阔广博的大海所吸引，心中产生了许多美妙的遐想。他沉浸在无穷的幻想之中，以致后来终生与大海为伴。大海成为他研究无线电的最大实验场，在海边进行无线电实验成了他生活的核心。

幼年的马可尼是在格里福内别墅、里窝那港和佛罗伦萨等接受家庭教育，但他不喜欢在老师的监督下完成作业，每次总是远远地躲开，躲到父亲的藏书室里完成他异想天开的事情——制作一些小玩意儿。

▲ 6 岁时的马可尼

⚓ 位于意大利北部波伦亚古城的马可尼的家——格里福内别墅。

他常常在别墅里或农庄房舍里找出他所需要的东西，为一只电铃敷设附墙的电线或电池……一玩起来就没完没了。

1886 年，12 岁的马可尼开始在正规学校接受教育，但是他的感觉却不是很好。他不喜欢把工夫花在学习上，虽然一直有自己的家庭教师，可他的成绩却不很出色。老师抱怨马可尼太迟钝，同学们则因为他沉默寡言而疏远了他。

在被老师和同学冷落的时候，马可尼交上了一生中很重要的朋友路易吉·索拉里。路易吉·索拉里是高年级学生，在后来马可尼研究无线电的漫长岁月中，索拉里总是会在关键时刻伸出援助之手一次次帮他渡过难关。

赫兹的启发

马可尼虽然在学校里的成绩不出色，但对科学的喜爱使他常常异想天开。在父亲的藏书室里，有科学家的名人轶事和科技讲座，马可尼在那儿一待就是好几个小时。

↑马可尼小时候喜欢制作一些小玩意儿

10 多岁时，马可尼开始对科学，尤其是电学产生了极大的兴趣，他常常做一些与此相关的"游戏"。一天，马可尼和他的一位朋友竖起一根锌铁皮做成的杆子，并把他和家里的一只电铃相连接。他们的意图是从锌铁皮杆子上截取暴风雨中的雷电，这样带电的杆子就会将电流顺着连接导线送入屋内并使门铃响起来。日子一天天过去，终于有一天，天空雷电交加，紧接着门铃就响起来了，马可尼为之兴奋不已。

一直以来，父亲都希望马可尼能考入海军军官学院，成为一名海军军官。他甚至为儿子买了一艘帆船，但是马可尼因为成绩很差却落榜了。落榜后的马可尼依然隔三岔五地做"游戏"，使父亲特别失望。父亲认为马可尼落榜的最大原因就是在"游戏"中浪费了时光，于是他要毁掉儿子的一切实验装置。母亲安妮却让马可尼偷偷地把实验装置藏起来，不使丈夫盖斯普·马可尼发现。

1887 年，13 岁的马可尼进了里窝那技术学院。在这里，马可尼开始学习物理、化学，他全身心地投入学习，不再关心那些年所进行的幼稚的科学实验。在对自然界的构成

及其内部的种种原动力的研究中,马可尼终于步入了那深深吸引他的科学世界。就在这一年,德国科学家赫兹开始用实验证实了麦克斯韦的预言。1888年,实验取得了成功,赫兹发现了电磁波的存在。

在马可尼一生中,母亲安妮对他产生极其重要的影响。在技术学院,出于对科学的极大兴趣,马可尼研读了大量的有关电的这门新学科发展过程中的所有资料。由于勤奋,他的成绩突飞猛进,母亲安妮意识到学院的课程已不能满足儿子的求知欲,便给他安排了私人授课。

这期间,在物理学方面崭露头角的马可尼意外地受到了波伦亚大学教授奥古斯托·里吉的赏识和器重。里吉教授也是研究电磁波的,对赫兹实验的原理和意义理解得极为深刻。里吉教授准许马可尼进入学院的图书馆和他的私人藏书室。在那里,马可尼读了有关全球性的电报电缆的争论性的文章和报道,以及关于建立世界范围通讯的设想。

书籍给了马可尼极大的鼓舞和启发,他一面实验,一面大量收集资料。法拉第、麦克斯韦、赫兹等大师的著作,他都一一拜读。他决定把各家的长处综合起来,用在自己的装置上。

赫兹对人类最大的贡献是用实验证明了电磁波的存在

1890年,在赫兹实验取得成功后的第二年,里吉教授送给他一本电学杂志。马可尼按照里吉教授的要求,仔细阅读了杂志上那几篇介绍赫兹实验的通俗有趣的文章。通过这些文章,马可尼知道了世界上存在着一种从一处传到另一处的以振动的方式穿过空间的辐射电波。

这个收获使马可尼激动不已,他开始思考与他的研究相关的一系列问题:这种电波能否将信号从一地传到另一地?它是否可以穿越房间、城市、国家甚至大洋呢？这个设想使马可尼特别激动，并从此开始了他宏伟的计划。

马可尼迫不及待地去拜访了里吉教授，他要把自己的设想付诸行动，并希望得到里吉教授的指点和帮助。里吉教授委婉地指出，他只受过有限的教育，基础知识还掌握得不牢固，电磁波对于他可能是新鲜事，但对于科学界一流的权威人士却并不新鲜。里吉教授还指出，仅凭他一时的热情要完成权威人士尚未做到的事，恐怕不太可能在科学上有重大的进展。虽然里吉教授不太信任这个狂妄的年轻人，但对他的热忱还是特别赏识，他把自己的实验研究告诉了马可尼，并把一些设备借给他使用。

其实，里吉教授的拒绝并不为过。在当时人们看来，马可尼的确有些异想天开，虽然从里吉教授那里没有得到完全的支持，但马可尼没有对自己的想法失去信心。

他开始埋头于自己的实验，更深一层研究有关电磁学知识的理论。在波伦亚大学的图书馆里，马可尼进一步阅读了大量的有关电磁学方面的知识，尤其是对赫兹已经发表的有关电磁学方面的理论和研究。随着越来越多知识的积累，对电磁学的认识使马可尼对自己的设想充满了自信，他决心要干出一番事业。

马可尼的言行遭到了父亲的反对，他说马可尼是在"浪费时间"，是个"不切实际的空想家"。但每到这时，母亲安妮总是会站出来为儿子解围。

⬆ 马可尼

无线电报装置问世

马可尼需要一个清静的实验室，母亲安妮便在格里福内别墅顶楼的两间大房子里为儿子腾出一小块地方。马可尼把所有的实验装置都安置在这里之后，便迫不及待地投入到无线电实验中。

马可尼将里吉教授改进了的赫兹发射机的振荡器略微做了些改进，使电波发射得更远了。为了使电波反射到接收机上，他将一块圆弧形的金属板放在发射机后面，并采用了法国物理学教授爱德华·布朗利的金属屑检波器进行检波。金属屑检波器很容易被电通过，所以为电流形成了一个使它流经电池的连续通路，电池做出反应，便可以驱动电铃。

1894年的一天，马可尼在顶楼上继续他的无线电实验。他设想电流通过电池及感应线圈，沿着导线发射并穿过发射机金属球的间隙(即"火花隙")迸射出巨大的振荡火花，这样电振动便会以波的形式向各个方向传播，几米远的金属屑检波器便会接收到一部分电波。他将电池接上感应线圈和发射机，在几米远处放着金属屑检波器、电池和电铃(即接收机)。实验开始，马可尼小心翼翼地按下发射键，屏住了呼吸，忽然听见几米远的电铃发出了清脆的响声。

激动万分的马可尼叫来了母亲，并示范给母亲看。电铃响起来了，母亲高兴地把儿子的"反对者"——丈夫盖斯普·马可尼也动员到顶楼来了。盖斯普·马可尼看到儿子搞出了一点名堂，只是点了点头，什么也没有说。但从这以后，马可尼买实验器材，再也不用偷偷向母亲要钱了。

初步的成功给了马可尼极大的信心，他又给自己提出了新的问题，继续实验，使电磁波能够辐射得更远。

马可尼开始把接收机移得更远，但却失败了。他又调整了实验装置，试用了各种导线，并来回地移动着金属球，使它更好地向空中发出振动波所必需的那种振荡火花。

几周以来，他白天黑夜地连续工作着，几乎没有时间按时进餐，母亲只好将饭菜给他送到阁楼上。连续超负荷工作却没有取得更大的突破，但马可尼没有失去信心，依然一心扑在实验上。

马可尼决定重新改装发射机，他把金属薄片接到火花隙的金属球上，在金属屑检波器每一端也做了同样的安排，信号立即变强，可以从顶楼的一端发射到另一端了。

为了取得进一步的突破，他又采用不同的材料做火花

↑ 电铃

隙金属球,还改装了金属屑检波器。在金属屑检波器中,他采用了更细的金属粉屑,改进后的效果是惊人的,金属屑检波器能检测到最微量的电,甚至极弱的信号也能接收到。

成功开始向马可尼招手,冬季漫长的几个月,马可尼都是在与电池、感应线圈和金属屑检波器打交道中度过的。1895年,在反复的实验中,马可尼发明了散屑器。

要使金属屑检波器检测来自发射机的电波,就要把凝聚在一起的金属屑分散开来。为了解决这一难题,马可尼想到了电磁铁,他把电磁铁加装在接收机的装置中,每当电流通过金属屑检波器时,它会马上吸住一根装有小锤的小铁棒,当小锤轻击金属屑检波器的玻璃管时,金属屑马上就会分散开来。这一看似简易的举措,却使得每一个电脉冲都能被接收到,并且可以将其储存起来再接收下一个信号。这个突破意味着马可尼不再只是简单地发送和检测电波,而是可以用代表一定意义的莫尔斯电码收发信号了。

1895年夏天,马可尼让哥哥阿尔芬索把接收机搬到了格里福内别墅的花园,并且开始用莫尔斯电码发送信号。在顶楼的实验室里,马可尼按下了莫尔斯发射键,阿尔芬索那头接收机的电铃立即响了起来,并清晰地出现了莫尔斯电码的3个点和1个字母S。父亲盖斯普·马可尼看到这一切,开始从心底被打动了,他给了马可尼一笔钱,让他买一些必备的器材,并鼓励他继续努力。

这年9月,马可尼又开始着手一项新的实验:如何能增强发射机的能量,使振动波发射得更远。他在发射机上装了4只金属球,两只球之间形成火花隙,他把外边用铜棒与之相连的两只球装在了两块厚铁板上。在接收机上他也装了同样的厚铁板,电波突然蹿出好几百米远的距离。

激动的马可尼反复地调整着,试图取得更大的突破。在一次实验中,马可尼不经意地偶然把一块厚铁板举在空中,而另一块在地上依然没动。突然,信号变得十分强烈,一下子可以蹿出1千米远的距离。至此,实验的进展极其飞速。马可尼用一块架空的铁板做"天线",他用另一块埋入地下的铁板做"地线"。后来,他又使用铜导线和铜板分别来替代铁板做天线和地线,并用一根铜导线将天线和地线接到发射机上,在接收机上也增加了一根天线和地线。

↑幼年时期的马可尼和母亲、哥哥在一起。

世界大科学家成功故事

哥哥阿尔芬索拿着接收机，另一个助手拿着天线一次次把"战地"移到越来越远的地方。从阁楼到花园，从花园到田野，从田野到山丘，这个长长的马车队引起了农民们的注意，马可尼的无线电实验一时成了人们谈论的热点话题。

这年秋天，马可尼做了一次成功的实验。电波穿过花园和山丘，射到了 2.7 千米以外的地方，接收机上清晰地显示了莫尔斯电码，这使马可尼确信该项新通信系统的潜力。

至此，世界上第一个无线电报装置终于问世。马可尼心中产生了更宏伟的愿望——使无线电布满全球。

穿越海湾的信号

马可尼需要更多的资金来源，因为仅凭他那些实验装置是毫无可能实现他的愿望的。于是，他向意大利邮政总局写信请求资助，但是没有得到支持。1896 年 2 月，22 岁的马可尼告别了亲人，前往英国。

19 世纪的英国，正处于资本主义向帝国主义的过渡时期，海外贸易极其发达。政府重视科学发明，他们同海外有着广泛的联系，无线电如果能够得到实际应用，就会给英国的航海事业带来无法估量的前途。

在英国伦敦，马可尼的母亲安妮的侄子亨利·詹姆森·戴维斯对他表弟马可尼的发明产生了兴趣。30 岁的表哥亨利是一位工程师，他与英国各阶层人士都有广泛的接触。他的一位科学家朋友为马可尼向英国邮政总局的总工程师威廉·普利斯博士写了一封推荐信。

60 岁的威廉·普利斯是英国电信界的权威人士。早在 1882 年，他就用电流感应的方法研究感应无线电报。1885 年，在相距 400 米的两条绝缘线路之间，普利斯进行了电话信号传输，但是导线却要

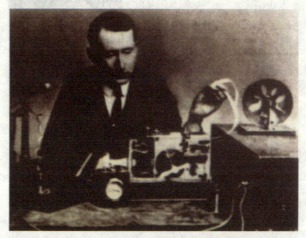

马可尼设备

相应增长，无法传送更长的信息。在马可尼初到伦敦时，普利斯博士曾做了一次大规模的实验，他想在英格兰和爱尔兰之间传送感应电报，但却失败了。恰在这时，普利斯博士收到了一位朋友的推荐信，知道了马可尼和关于他的无线电报，普利斯博士便迫不及待地想见一见这个无线电发明家。

得到了普利斯博士的允许，马可尼前往邮政总局拜访了这位总工程师。马可尼使用了他带来的所有的实验装置向普利斯做了示范。普利斯对马可尼采用电磁波辐射的方法发明的无线电报，尤为惊讶和赏识。但普利斯却发现，马可尼的无线电装置极为笨重，里面的部件也极其简单，他不无感慨地给马可尼以很高的评价："人人都认识鸡蛋，但是只有马可尼把鸡蛋立起来了！"这是一个关于哥伦布的典故，普利斯博士把马可尼比做发现新大陆的英雄哥伦布并不为过。

▲ 马可尼

1896 年 7 月 27 日，在威廉·普利斯的安排下，马可尼在伦敦邮政总局大楼的屋顶和距它 300 米远的一座银行大楼之间成功地进行了一次公开实验。9 月 2 日，在普利斯博士的帮助下，马可尼又在广阔的索尔兹伯里平原进行了无线电信号实地收发实验，电波一下子蹿出了 3 千米左右的距离。

1896 年 12 月 12 日，普利斯在伦敦科技大厅做关于无线电报的科普讲演。做完讲演后，普利斯便把台下的马可尼以及他的无线电波介绍给大家。马可尼取出他随身携带的无线电装置，分别把接收机和发射机等设备放在大厅的两个角上，叫了一个听众作发报员，他自己守在接收机前。当发报人按下发射键时，接收机的电铃立即发出了清脆的声音。大厅所有的人都听到了，顿时，整个大厅沸腾了……这位年轻的发明家成了家喻户晓的人物。

▲ 在研究中的马可尼

这一年，马可尼申请了他第一个专利。不久，英国杂志《电气技师》刊登了马可尼申请专利的简报，这意味着他成了英国官方

承认的无线电报装置的发明者。

1897年初，英国邮政总局同意给马可尼提供全部实验经费和所需要的各种物资，来进行海上通信实验。

1897年5月，马可尼在英国本岛和其西海岸南段的布里斯托尔湾中的弗拉特霍姆小岛进行跨海通信实验。为了使这次实验取得成功，普利斯特地叫自己的助手乔治·斯蒂温·凯普来协助马可尼。

5月11日，他们把发射机装在拉渥洛克岸上的小屋里，在屋外架设了用金属圆筒制成的天线杆。接收机放在弗拉特霍姆小岛上，同样安装着用金属圆筒制成的天线杆。实验取得了成功，电波辐射达4.8千米。5月18日，马可尼把接收机移到海湾对岸的布瑞当，并用两只覆盖着锡箔可以升到49米高的风筝做收发天线，之间相隔14.5千米。这一天，无线电信号第一次穿越了布里斯托尔海湾，马可尼在海湾的实验获得了成功。实验结束时，普利斯告诉马可尼，凯普可以成为他的助手。从这以后，凯普成了马可尼一生最得力的助手和朋友。

马可尼跨越海湾通信实验的成功在无线电史上具有重大的意义，它是人类第一次不用导线就可以使信号穿越海湾，从而到达目的地的无线电实验。

1947年，就在这次实验成功后的半个世纪，英国当局为了纪念这件具有历史意义的大事，在布里斯托尔湾举行了一次盛大的纪念仪式。出席纪念会的有政府官员和很多知名人士，马可尼、普利斯和凯普一时成了历史人物。

⬆英国工程师威廉·普利斯博士。在无线电的发明过程中，普利斯博士给了马可尼极大的鼓励和帮助。

创建马可尼公司

马可尼无线电跨越海湾实验的成功，引起了英国和国外新闻媒体的兴趣。人们对穿行在地球上空的电波感到非常惊奇，纷纷前来听有关无线电的公开演讲。人们的反响，引起了意大利当局的重视，他们意识到拒绝马可尼是一个极大的错误。1897年7月，马可尼接到意大利驻英使馆的邀请，请他回国为意大利海军做示范表演。

返回意大利，国王和王后在罗马接见了马可尼。马可尼在陆地上建立了一座电台跟意大利军舰通信，船与岸之间相隔 19.2 千米的无线电信号的发送被成功接收。

1897 年，是世界性通信系统的诞生年，也是马可尼公司的创建之年。在表哥亨利的资助下，马可尼成立了无线电报通信公司（1900 年改为马可尼无线电公司）。出于对祖国的热爱，马可尼允许意大利不受专利限制，可以任意开发无线电设备。

在英国维特岛的阿鲁姆湾一个滨海旅馆，马可尼和他的工程队建立了一座命名为尼特的无线电台，尼特无线电台完工后，吸引了成群结队的参观者，其中包括政府官员和社会名流。人们惊叹高高耸起的 30 多米的塔杆（天线）和它神奇的力量。英国著名的物理学家开尔文勋爵也成为参观者之一。开尔文勋爵是大西洋海底电缆的创始人，一直对无线电持怀疑态度，但现在他也不得不信服。后来，马可尼结识了开尔文勋爵，在马可尼的无线电普及工作中，开尔文勋爵支持了他许多年。

在增大通信距离的过程中，马可尼和他的工程队做了很多艰辛的改良工作。这位年仅 23 岁的意大利发明家渐渐被世人所瞩目，他经常被邀请做无线电通信的示范。1898 年，马可尼应维多利亚女王的要求，为维特岛上奥斯本住宅的皇家游艇安装无线电装置。在 16 天中，维多利亚女王和威尔士王子利用无线电，通信 150 次。这期间，马可尼被维多利亚女王召见，女王希望马可尼再接再厉。威尔士王子也对无线电表示出极大的兴趣，认为"电波穿透力"有很大的前途。

1898 年 7 月，爱尔兰首都都柏林的《每日快报》成了第一个用无线电发送新闻的报纸。它报道了在金斯敦的爱尔兰海上举行的快艇赛，马可尼在一艘拖船上跟随快艇用无线电将新闻发给金斯敦的接收站，再由电话传给都柏林。

1899 年 3 月 27 日，无线电穿

来到英国后的马可尼和他的无线电发射机。

⬆ 马可尼和助手乔治·斯蒂温·凯普

越英吉利海峡，英法两国间第一次进行了无线电联络。在一次次的成功实验中，女王的关注、报纸的报道使马可尼的无线电报更加闻名。在无线电信号跨越英吉利海峡后，马可尼的名字几乎传遍了世界，他常常被邀请到澳大利亚、巴西、中国等国家做示范。

金斯敦帆船大赛的报道引起了美国对马可尼无线电的兴趣。为了使 1899 年 10 月举行的美国杯国际帆船大赛也能以同样迅捷的方法进行报道，他们邀请了马可尼。在美国，马可尼用他随船携带的无线电装置报道了这次盛大的比赛，随后，还为美国海军做了示范性实验。

"S"电码飞越大西洋

马可尼乘美国"圣·保罗号"邮船返回英国。在离开纽约前，马可尼开始把眼光放在大西洋上，他要让无线电波穿越大西洋。在返回英国途中的 1899 年 11 月 15 日，马可尼在"圣·保罗号"上与维特岛上的尼特无线电台进行了通信实验。这一次，马可尼把通信距离增大到 106 千米。但是，他没有因为成功而陶醉，他要完成自己横跨大西洋，实现欧洲和美洲之间无线电通信的伟大梦想。

为了实现这一计划，马可尼做了大量的准备工作。1900年，他发明了可以发射和接收许多无线电信号的调谐电路。与此同时，马可尼取得了这项专利，号码为 7777。

这年 10 月，马可尼在英国西南部的康沃尔郡海岸上的波尔杜建立了一座大功率无线电站。它采用了当时世界上功率最大的音响火花式电报发射机，同时给发射机装置了排成扇形、结构牢固的很多根垂直天线。1901 年，无线电站建成投入使用，初次实验，通信距离可达 322 千米。

1901 年 11 月一个寒冷的冬天，马可尼同助手凯普等人乘"撒丁号"从英国驶向纽芬兰的圣约翰斯港。在圣约翰斯海岸的一座小山上，马可尼及其助手架设了一个正六边形的大风筝天线，在附近建筑的一间屋子里安装了接收机。

为了更加灵敏地接收检波器的输出信号,马可尼决定不采用莫尔斯电码记录仪而改用电话机。

1901 年 12 月 12 日,是人类通信史上一个伟大的日子,马可尼要在当地中午 12 点到 15 点之间接收英国向纽芬兰发出的无线电信号。

这天下午 12 时 30 分,马可尼在纽芬兰的圣约翰斯港,听见与无线电接收机相连的电话机中,传出 3 声轻轻的"滴答"声,这正是他们预先约定的莫尔斯电码中代表"S"的 3 点短码。马可尼屏住呼吸,紧张地听着,几乎不敢相信这就是从大西洋彼岸传来的声音。

无线电信号终于成功地飞越了 3200 多千米的大西洋,从遥远的英国传到了加拿大的纽芬兰。这一消息震惊了整个世界,人们为之啧啧称赞。但是,这一消息却引起了英美有线电报公司的嫉妒。他们享有大西洋海底电缆的专利,很担心马可尼的无线电使他们的利益受到影响,所以他们声称马可尼公司侵犯了电报公司的权利,只有经过他们的允许马可尼公司才可以在纽芬兰建立商用无线电站。

1902 年,马可尼的父亲盖斯普·马可尼去世。但马可尼并没有因为过分悲痛而终止继续改良无线电的通信工作。同年 10 月,马可尼在英国波尔杜发射台和美国轮船"费拉德尔菲亚"号 2500 千米之间做了进一步的实验。实验的结果显示,"费拉德尔菲亚号"顺利地收到了从波尔杜发来的有实际内容的电报信号。

加拿大政府对这次成功的实验给予很高的评价,并拨付 16000 英镑给马可尼,让他在新斯科舍半岛的格莱斯湾建立一个大功率的发射台。

12 月的一天,从英国到加拿大之间,

📍 1901 年 12 月 12 日,马可尼在纽芬兰收到了从英国波尔杜站发来的越洋无线电讯号。图为位于英国波尔杜发射点的纪念碑。

第一次正式进行了成功的洲际无线电通信。但由于英国波尔杜的发射机功率不够大，使加拿大接收的信号不太清晰。后来，经过改装，1903年初，两台之间的正式通信完全成功。从英国到加拿大正式拍发的第一份无线电报是马可尼发给英国爱德华七世和意大利维克多·爱曼纽尔三世的感谢电报。

不久，美国邀请马可尼在科德角修造了一座大功率的发射台。这里发出去的第一份无线电报是美国总统发给英国国王的。从此，无线电成了各国国王和政府首脑的宠儿。

这年春天，无线电开始从美国向英国的《泰晤士报》传送新闻，报纸新闻的时效性变得很强，每天的最新消息当天就可以见报。

■ 无线电设备中用来发射或接收电磁波的部件

至此，马可尼的无线电通信已经开始遍及欧美。除了英国、意大利、加拿大、美国、德国、比利时等一些欧美国家建立了无线电台，成百艘大西洋航线上行驶的邮船也纷纷采用马可尼的装置，无线电通信开始成了全球性的事业。

然而，正当无线电走向辉煌之时，马可尼却卷入了一场发明权的诉讼之中。1908年，俄国物理化学协会专门成立了一个委员会，对发明无线电的优先权问题进行了调查。之后，他们宣布波波夫是最早的无线电报的发明者，他应该享有发明无线电的优先权。英国学者们对此极为不服，他们认为虽然马可尼没有在波波夫以前做过真正的无线电表演，但他是第一个让无线电走出实验室的人，也是第一个让无线电飞越大西洋，变成真正实用的通信工具的人。

1908年5月4日，在美国，北美巡回法庭审判了有关著名的7777号专利的诉讼案。无线电第一次被用在法庭上做示范，结果马可尼被证明是真正的无线电发明者。法官当即做了宣判："1887年，赫兹在关于电磁波的新发现是空前的,它惊醒了全世界的科学家。因此,有人试图否认马可尼的伟大发明。实际上,9年过去了,没有一个人使电磁波得到实用或者取得商业上的成功,而马可尼却是第一个说明并用赫兹波成功地传送简明易懂信号的人……"这段判词后来成了无线电学史上著名的文献。

1909年12月,35岁的马可尼和德国科学家卡尔·布劳恩一起因为对无线电报的贡献而获得诺贝尔物理学奖。

"无线电之父"

早在1902年时,马可尼就开始再次改进检波器并研制成水平方向的天线,使通信系统的效率大为改进。1910年,无线电已经可以穿过9600千米了。

1912年对马可尼来说是一个多难之秋。在意大利的一次交通事故中,他的右眼受了重伤。医生们说,这会危及他左眼的健康,于是用手术摘除了右眼。几个月后,马可尼恢复了健康,就又继续投入到研究无线电之中。这时,无线电技术已趋成熟,大量的远距离电台都得以建造。

1914年,第一次世界大战爆发,无线电在英国被禁止。大战爆发前,马可尼—贝立尼—托西无线电定向在大雾天气寻找船只的发射系统首次试用成功。但由于战争的影响,马可尼回到了意大利。他积极参战,负责军队中的无线电报。1916年,在大战中,马可尼发现较短波长的电波不但能增大信号强度,还可以减小敌方截听的可能。后来,马可尼实现了这一设想并使发射机功率增大了100倍。

1918年,战争结束,马可尼开始用无线电传送人的声音。这年9月,他采用等幅波发射,在英国和澳大利亚之间传递了第一份无线电报。第二年,马可尼任意大利代表,参加了巴黎和会。这年之后,无线电波覆盖全球。

马可尼

两年后，马可尼的母亲安妮去世，使马可尼一度陷入悲痛之中。

无线电在航海事业中的巨大作用，使马可尼得到很大的鼓舞。他曾说，他的发明能够营救海上众多的生命，是他一生中最大的幸福。

1920年，马可尼为自己买了一艘"爱丽特拉号"游艇，作为他旅行中的实验室。从此，他后半生的科学研究一直都是在海上进行的。

在这艘有书房兼卧室的游艇上，尤其引人注目的是无线电实验室。马可尼曾说："我热爱大海，它不仅可以把我在陆地上的烦恼带走，也可以让我在海上随心所欲地思索、研究和实验。"

在"爱丽特拉号"上，马可尼在大西洋上转播伦敦的节目，并且同世界各地的陆上电台进行联络。他的世界威望使他在远离公众的视野中没有消失，常常总有一些人到船上拜访他。在这些人

↑马可尼的"爱丽特拉"号游艇

中，有意大利、西班牙的君王、英国的乔治五世和玛丽皇后、政府官员和一些科学家等。在船上，来客可以直接和岸上的亲人通话。

1930年3月26日，澳洲电气和无线电展览会开幕。远在15000千米外的马可尼从"爱丽特拉号"的游艇上用无线电话机同展览会通了话，最后又通过电磁波的信号点燃了大厅的3000多盏电灯。"爱丽特拉号"因此而闻名于世。

马可尼是一个积极的运动员，又是一个优秀的商人。他谦虚、持重而又随和，在科学研究中一丝不苟、从不向困难妥协。持之以恒的工作态度使他最终成了世人公认的"无线电之父"。

从1920—1922年两年间，马可尼又开始专心埋头于短波无线电的实验。他设计了一种用超短波束系统可以覆盖整个大英帝国的技术方案。4年后的1926年，马可尼公司完成了这一宏大的工程。这之后，短波电台在南非、印度、澳大利亚、美国和南美等地开始陆续广播。

1926 年，在第一个无线电专利 30 周年纪念日这一天，马可尼重返故里，回到波伦亚。市民们兴奋地欢呼这位伟大的无线电发明人的归来，餐馆甚至还推出了"马可尼式实心面条"和"无线面团"等食品来迎接他。

1934 年 4 月 25 日，是马可尼 60 岁的生日，世界各地的贺电如雪片似的飞到他的实验室。为了纪念他伟大的贡献，国际海上无线电协会代表 50 个国家，把 4 月 25 日，命名为"世界海上无线电服务的马可尼日"。

各种奖赏和荣誉从世界各地向马可尼涌来，但他却依然默默地致力于无线电通信的普及。连年的海上奔波和艰苦的实验研究使马可尼的健康受到了很大的摧残。早在 1927 年，他就被医生确诊为心脏不好。在 20 世纪 30 年代，他也曾多次遭受突发的心脏病的折磨。虽然他一直留在"爱丽特拉"号上，不再出国巡察无线电站，但他仍带着病痛坚持电波的研究工作。在研究中，马可尼病倒了。1937 年 7 月 20 日清晨，这位伟大的发明家去世了，享年 63 岁。马可尼逝世的噩耗通过电波传遍了全球，全世界的人们都在哀悼这位发明无线电的巨人。这一天，意大利政府为马可尼举行了国葬，成千上万的人都参加了葬礼，为了表达对他的崇敬和哀悼，全世界的无线电站同时沉默了 2 分钟。

1894 年马可尼在格里福内别墅开始无线电实验时，全世界的无线电事业正处在摇篮时代，当他 43 年后离开人间的时候，无线电已经遍布全球。马可尼完成了他年轻时让无线电台布满全球的雄心壮志，正是他的这种雄心壮志和为这个雄心壮志牺牲的精神，在人类无线电发明史上画上了辉煌的一笔！

⬆ 马可尼一生终爱着无线电事业，直到生命的最后一刻。

大 事 年 表

1874 年	4 月 25 日，古列尔莫·马可尼出生于意大利的波伦亚。
1886 年	开始接受正规教育。
1887 年	进入里窝那技术学院学习物理和化学。
1894 年	在格里福内别墅的阁楼上开始无线电实验。
1895 年	马可尼制造出第一台无线电收发装置。电波穿越 2.7 千米的距离，接收机上清晰地显示了莫尔斯电码。
1896 年	马可尼前往英国，寻求资助。在伦敦第一次公开无线电装置的实验。申请了发明无线电的专利。
1897 年	马可尼无线电报通信公司成立。
1898 年	爱尔兰的《每日快报》成为第一个用无线电发送新闻的报纸。
1899 年	无线电穿越英吉利海峡，英法两国间第一次进行无线电联络。
1901 年	无线电信号成功飞越大西洋，从英国传到了加拿大。
1902 年	父亲盖斯普·马可尼去世。
1909 年	与德国科学家卡尔·布劳恩一起荣获诺贝尔物理学奖。
1912 年	右眼失明。
1937 年	7 月 20 日，古列尔莫·马可尼去世，享年 63 岁。

爱因斯坦

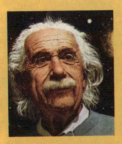

　　时间、空间以及作为时间和空间的统一体的宇宙，它们的真相到底是怎样的呢？阿尔伯特·爱因斯坦，20世纪最伟大的物理学家，在其著作《狭义相对论》和《广义相对论》中进行了天才的论述，而且他的《广义相对论》在其实验室——宇宙中得到了验证。人们把《广义相对论》看做是研究宇宙的基础理论。

世界大科学家成功故事

苏黎世的大学生

德国南部的乌尔姆是一个美丽而古老的小城,与德国众多的风光如画的城镇一样,这里风景秀丽,气候宜人。尽管如此,乌尔姆城仍是微不足道的,只是因为阿尔伯特·爱因斯坦才使乌尔姆闻名遐迩。

1879 年 3 月 14 日,伟大的爱因斯坦降生于城内一户普通的犹太人家庭。

爱因斯坦的家庭经历了数次迁徙与奔波。从乌尔姆到慕尼黑再到意大利的米兰、帕维亚,最后又回到米兰。父亲赫尔曼·爱因斯坦的事业也在辉煌与失败之间大起大落,最后终归于失败。赫尔曼有着极高的数学天赋和很深的文学造诣,他的妻子波林·科克受过良好的教育,对音乐满怀热爱。爱因斯坦的家庭,是数学、文学、音乐三者结合成完美的文化氛围,他们的生活充满了和谐与温馨,无疑,这一点使爱因斯坦受益终身。

12 岁的爱因斯坦读了《欧几里得几何》,并证明了毕达哥拉斯定理:直角三角形的两条直角边的平方之和等于斜边的平方;直角三角形各个边的关系仅仅取决于它是一个直角三角形,而与两个锐角的大小无关。

在 16 岁以前,爱因斯坦已经熟悉了基础数学,掌握了微积分原理,而这些,正是一个大学生所要学习的内容。

1894 年 6 月,父母家人离开德国慕尼黑,迁往意大利米兰。爱因斯坦则被留了下来,原因是他必须在慕尼黑路易波尔德中学读完高中,取得毕业文凭,这样他才有资格考取大学。

路易波尔德中学的教育方式如军营般僵硬、刻板,这与爱因斯坦的个性完全不能相容,他内心强烈地抵触着这种教育模式。

当时的德国正在拼命地做着扩张的准备,军国主义思潮四处泛滥。按照当时的法律,17 岁以上的德国男孩都要服兵役。出于对即将

📌 这张照片摄于 1883 年,当时爱因斯坦不到 5 岁。

沦为战争工具的恐惧和对路易波尔德中学的厌恶,爱因斯坦做出了一个决定,即尽快逃离慕尼黑,摆脱这牢狱般的生活。

1895年春天,爱因斯坦像一只冲出樊笼的鸟扑进了意大利的怀抱。在他看来,意大利的山、水、白云和人都代表着自由和解放。在爱因斯坦的舅舅雅各布的建议下,父母把这个逃学的儿子送到位于苏黎世的联邦工业大学。

这年秋,爱因斯坦越过阿尔卑斯山,来到了瑞士的苏黎世参加联邦工业大学的入学考试,由于语言课不合格而未被录取,但爱因斯坦在数学方面所表现出来的天赋很得主考官的赏识。校长建议爱因斯坦在阿劳镇的州立中学补习一年。

↑ 14岁的爱因斯坦

在阿劳中学,爱因斯坦补习完了他的中学课程,并以优异的成绩毕业。民主、开通的教学风气以及知识渊博的教师们,用那生动、活泼的教学方式第一次让爱因斯坦领略到学校生活的乐趣,这使他产生了放弃德国国籍的想法。1896年1月28日,爱因斯坦放弃了德国国籍。接下来的5年中,爱因斯坦一直是位无国籍的人。

1896年8月,爱因斯坦成为苏黎世联邦工业大学的一位学生,并在此度过了4年大学时光。他就读的是教育系,学习物理和数学,主攻物理。按照爱因斯坦的初衷,他打算毕业后成为一名教师,向学生传授自然科学理论。

苏黎世联邦工业大学是爱因斯坦成长过程中一个重要的里程碑,从这里开始,他踏上了探索自然科学的旅途。

↑ 爱因斯坦从阿劳州立中学领到的中学毕业证书。

崭露头角

在苏黎世联邦工业大学,爱因斯坦常常在宿舍里攻读物理学大师麦克斯韦、基尔霍夫、波尔茨曼和赫兹的著作而忘了上课时间。

在课堂上,爱因斯坦常常提出自己的不同见解,当面对老师进行反驳。在那些守旧的教授们的眼里,爱因斯坦是个离经叛道、不守规矩的学生。他的固执令那些教授们大为头疼。有一次上物理实验课,教授照例将写着操作步骤的纸条发给了每一位学生。爱因斯坦照例只按照自己的步骤去操作。一次实验事故发生了,爱因斯坦的右手被炸伤了。由于不守规矩,爱因斯坦不仅受了伤,还受到了处分。在教授们看来,这是他不守规矩应得的报应。

1900 年秋,爱因斯坦以优异的成绩从苏黎世联邦工业大学毕业了。

从此,爱因斯坦走上了漫长的求职道路。他先后在苏黎世联邦观象台和温特图尔技术学校担任了短暂的计算和教学工作,尔后又在莱茵河畔的一所私立中学做了短期教学工作。

❖ 爱因斯坦与米列娃

1903 年 1 月,在父母强烈的反对下,爱因斯坦和米列娃组建了家庭。米列娃是爱因斯坦在大学二年级时的同班同学,是塞尔维亚人,她性情忧郁而孤僻,有着诗人般的感伤气质。爱因斯坦的卓越才华也赢得了米列娃的爱慕。

在伯尔尼的最初几年中,爱因斯坦和米列娃的生活和谐而温馨。1904年和1910年，他们先后迎来了长子汉斯和次子爱德华。但是，他们的婚姻最终走向了破裂。

1902年6月16日，爱因斯坦正式成为伯尔尼专利局的一名职员。正是从这里，爱因斯坦叩开了命运之门，并走上了辉煌的成功之路。他的《狭义相对论》正是在伯尔尼专利局工作之余研究出来的。

这段时间是爱因斯坦在事业上的辉煌时期，他发表了几篇高质量的论文，完成了他一生中第一个对世界产生重大影响的著作——《狭义相对论》，成为学术界有影响的人物。

无论是对于爱因斯坦个人还是对于物理学的发展而言，伯尔尼都是值得永远记忆的地方。这里是爱因斯坦走向辉煌未来的重要起点，在这里，他创立了一个学术组织——"奥林匹亚学院"。由于"奥林匹亚学院"的大部分成员在大学毕业后离开了伯尔尼，所以，它仅存在了三年。1905年，"奥林匹亚学院"结束了它辉煌的、富于创造性和充满友爱的日子。

⬆ 爱因斯坦在伯尔尼的家

狭义相对论

有很长一段时间，"奥林匹亚学院"讨论的焦点是牛顿的绝对时间与绝对空间。事实上，当时已经有人对牛顿的绝对时间概念进行了勇敢的批判，但没有将牛顿批倒。

要批倒牛顿，实在不是一件容易的事情，因为牛顿力学理论在解决宏观的和低速的运动现象中取得了无比辉煌的成就。他的《自然哲学之数学原理》从17世纪末它的诞生之日开始，就一直被奉为物理学的"圣经"，而且，用他的理论准确地预测了哈雷彗星的回归和第八大行星——海王星的发现。

现在，年轻的爱因斯坦也开始向被奉为权威的牛顿经典物理学挑战了。牛顿说空间和时间与外界事物无关，绝对时间和绝对空间是上帝创造的，是本来就有的。那么，按照牛顿的说法，我们可以用一把足够长的尺子来测量出地球表面某一事件发生的准确地点，因为牛顿说空间是绝对的。

但是，爱因斯坦想到了生活中的一个普遍现象：一个人坐在一辆行驶着的汽车上，他手里捧着一本书正在翻看，当他翻开一页，浏览了一下书的内容接着又翻了下一页。从这个阅读者的角度来看，可以认为他两次翻书的动作完成于同一个位置——他的座位上，而对于车下的一个观察者而言，他会看到，阅读者在翻动了第一页书之后，汽车行进了几米，他才翻动了第二页书。毫无疑问，观察者认为，阅读者的两次翻书动作发生在不同的位置，它们相距数米。

基于这样的疑问，爱因斯坦认为并不存在"绝对"空间，任何对于空间位置的描述都应将观察者包括在内。

爱因斯坦认为时间是相对的。比如在一辆汽车的两头，有两名乘客同时扎破了两个气球，于是车厢里发出一声气球炸破的响声，车上的乘客也的确认为两只气球是同时爆响的。但对于车下的人来说，他听到的却是一前一后两声响，这是事实，因为车在运动。因此，我们对"同时"就很难测定。设想当汽车的行进速度达到光速时，这种时间的相对性就表现得异常明显。

爱因斯坦在阿劳中学时，就思考过一些问题："如果人以光速前进，他将看到什么景象？光是相对静止的粒子还是相对静止的波？"事实上，这是同狭义相对论有关的一个理想实验。

1905 年 6 月，爱因斯坦将他革命性的伟大思想凝结于《论运动媒质的电动力学》的论文中，在这篇论文中他提出了狭义相对论。此后，他又连续发表了几篇论文，建立起了狭义相对论的全部框架。相对论的创立，使科学的新

假设两艘火箭以光速飞经地球，而且保持固定距离。有一道光线从其中一艘射向另一艘，火箭中的宇航员看这道光线是垂直的，而我们在地球上看它却是条斜线。这是因为光速是固定的，两个观察者目睹同一事情所用的时间却不同。也就是说，对于这两个观察者来说，时间过的并不一样快。在地球上的人看来，这束光走的时间要长，因而时间变慢。

框架被搭建起来了,它无情地破坏了牛顿经典物理学的基础,因为牛顿经典物理学的基础是建立在绝对运动和绝对时间的概念之上的。

对于大多数人来说,狭义相对论是一种难懂的理论和想法,它预见了当物体的运动速度接近光速时将发生的现象:即时间变慢和物体变小(即钟慢、尺缩)。这些预见在实验中已得到了证实。

自狭义相对论的诞生之日起,牛顿定律就开始成了一个有限定律,它仅研究那些速度远远小于光速的物体的运动。

爱因斯坦在 1905 年创立的相对论适用于特定的条件,在惯性系中,并且在不存在引力的情况下,因此被称为狭义相对论。

在伯尔尼,爱因斯坦研究了光速和以太的问题,他终于得出了结论:不存在以太,光速是不变的。

爱因斯坦认为,不论观察者的运动速度和位置如何,光速在真空中是不变的,是常量,即两个运动方向相反、时速为光速的火车,其相对速度仍为光速;两个以光速同向运动的物体,其相对速度亦为光速。

光速不变原理是相对论的基石之一,爱因斯坦关于光速不变的论断被称为爱因斯坦光速不变原理。爱因斯坦由此断言:因为光线的速率不变,所以,物体在接近光速时长度会变短,时间也会变慢。

美国物理学家迈克尔逊和莫雷的实验也表明不存在以太,光速是恒定不变的,而且光速是物质运动和传播的最大速度。

光是什么?这是一个从牛顿时代起就一直争论的问题。牛顿认为光照射在镜面上会反光,那么光是粒子或粒子流。但牛顿的微粒说无法解释两束光交叉时为何不会碰撞的问题。

几乎和牛顿同时代的荷兰物理学家惠更斯则认为光是一种波。此后,光的微粒说和波动说争论了有 100 多年。起初,由于牛顿崇高的威望,微粒说占上风。直到 1801 年,美国人托马斯·杨的实验,才使波动说占了上风。爱因斯坦认为光具有波、粒两种特性,其本性有时表现为粒子,有

火箭的长度是 58.34 米,其最大飞行速度是每秒 7900 米。以这样的速度飞行时,用我们静止在地球上的尺子去量度,我们可以认为它的长度仍然是 58.34 米,火箭内的时钟和地面的时钟一样准确。根据爱因斯坦相对论的公式计算,实际上,对站在地面的我们来说火箭缩短了,火箭上的钟也慢了。

时表现为波。

爱因斯坦对于光的认识反映在他1905年的论文《有关光的产生和转化的一个试探性观点》中。这篇论文主要解释了光电效应，爱因斯坦也因此而获得1921年诺贝尔物理学奖。

1916年，爱因斯坦发表的《关于辐射的量子理论》，又提出了能态之间跃近的新认识，它导致了激光的问世。激光是20世纪人类最伟大的发明之一，现在已在成千上万个领域获得应用，将来它的用途会更加广泛。

🔶 如果人类从未拥有过他，世界还会存在，但一定会是另外一种完全不同的模样。

广义相对论

狭义相对论的另一个结论是：高速运动状态的物体，其质量会增加。由此爱因斯坦得出了一个最简单不过、也是最惊人的公式：$E=mc^2$。

E 是能量，m 是质量，$c2$ 是光速的平方。它告诉我们，能量和质量是同一事物的两个方面，在适当的条件下，物质的质量会全部转化为能量，这个过程中将放出巨大的热量。

🔶 原子弹核炸弹爆的炸威力非常大。

1932年，英国科学家考克饶夫和爱尔兰物理学家瓦耳顿研制出世界上第一个粒子加速器。他们为此获得了1951年诺贝尔物理学奖。粒子加速器能将原子核分裂开来。$E=mc^2$ 可解释其中的质量亏损和质量、能量间的关系。

$E=mc^2$ 解释了"质量亏损"，而且它将自然界中的能量守恒定律和质量守恒定律统一起来了。它精辟地指出：对于一个闭合物质系统来说，质量和能量的总和在所有过程中不变。

$E=mc^2$ 的惊人之处在于，它是研制原子弹的基础理论。它揭示出，在人工核反应中，原子中所蕴藏的巨大能量将被激发出来，这能量具有无比的破坏力（如果它被用于战争）。同时，$E=mc^2$ 也预示着一种新能源——核能的产生，它同样也是建设核电站的理论基础。

现在，人们对狭义相对论给予了极高的评价，说它动摇了经典物理学的基础。然而在当初创立相对论的时候，相对论最初迎来的只是冷遇，它并未影响当时学术界的平静。由于它的理论太过抽象和新奇，也太不符合人们已有的生活常识，所以，真正理解、赞赏相对论的人寥寥无几。

1905 年，爱因斯坦在取得了辉煌成就之后终于使他在物理学界崭露头角。1907 年 6 月，爱因斯坦成为伯尔尼大学的一名编外讲师，从此，爱因斯坦进入了学术界。其后，在奥匈帝国布拉格大学短暂讲学之后，爱因斯坦成为母校苏黎世联邦工业大学的教授。在苏黎世工大，爱因斯坦与学生们以平等、自由的方式探讨着物理学的问题，他以一种新观念来解释古典物理学。

1911 年，爱因斯坦在布鲁塞尔参加了第一届索尔维会议，它标志着爱因斯坦已成为一名著名的科学家。应该承认，从伯尔尼专利局的小职员到苏黎世工大的教授，这个过程是颇费周折的。瑞士的学术界只是在意识到爱因斯坦的威望之后才欣然接纳了爱因斯坦，使他成为一名大学教授。

在布鲁塞尔的索尔维会议，爱因斯坦在中间。

1919 年 11 月，爱因斯坦的名字在各大报刊上频频出现，广义相对论也随之家喻户晓。虽然深奥的相对论颇难理解，但作为一种最新的理论，人们记住了它的名字。

爱因斯坦所到之处，都受到总统般的礼遇，人们给了他许多赞誉，他的头像出现于杂志封面、报刊

世界大科学家成功故事

上，人们还用广告、漫画等方式表达对爱因斯坦的崇敬。世界各地的大学和研究机构慕名竞相聘请前往讲学，爱因斯坦因此还受到诸多国家元首的接见，并终生与比利时国王伊丽莎白女皇保持着友谊。

对于爱因斯坦的认识，德国人要有远见得多。1913 年夏季，当爱因斯坦还为谋求大学讲师的资格而奔波之时，德国当局为爱因斯坦安排了优越的治学条件、最高工资和代表着最高荣誉的学术职位——威廉皇家物理研究所所长、普鲁士科学院院士、柏林大学教授。

当学术界还陶醉于相对论带来的欣喜时，爱因斯坦的目光却投向了深邃的宇宙空间。在那里，恒星、行星、星系以无比宏大的方式运动，牛顿的万有引力定律早已揭示了它们的运动规律，可是狭义相对论却无法容纳万有引力定律，而且在考察非惯性系的运动（加速运动）时，狭义相对论也是无能为力的。爱因斯坦又开始了广义相对论的研究。

在柏林，爱因斯坦完成了广义相对论的总结性工作和其他科学研究，他的学术成就达到了一生中事业的顶峰。

■爱因斯坦在大学任教时的情景。

爱因斯坦努力钻研了格罗斯曼介绍给他的数学工具——黎曼几何和张量分析。当他熟练地掌握了一系列数学工具之后，他的新思想就被表达出来了。这个新理论克服了狭义相对论的缺陷，并将万有引力包容其中，这就是《广义相对论基础》，它发表于 1916 年 3 月。

广义相对论比牛顿力学更精确地解释了宇宙，它是研究宇宙整体结构的指导理论，并在宇宙中得到了证实。广义相对论是爱因斯坦 10 年艰苦研究的结晶，爱因斯坦将它比喻为相对论大厦中的第二层楼，而物理学界对它的评价是：广义相对论是 20 世纪物理学研究的巅峰。

广义相对论是一个关于时间、空间和引力的理论，它指出，物质的存在会使四维时空发生弯曲，万有引力并不是真正的力，而是时空弯曲的表现。

广义相对论指出，由于太阳造成时空弯曲，从遥远恒星发来的光在通过太阳附近时会向着太阳弯曲，发生偏折，这种情形可以在发生日全食时观测到。

1919 年 5 月 29 日，英国天文学家爱丁顿率领一支远征观测队在非洲西部的普林西比岛上拍下了日全食的照片。从照片上可以清晰地看出，星光确实偏折了，偏转角度为 1.98 秒，与广义相对论预言的 1.75 秒非常接近。在以后几次日全食观测中，观测的精度进一步提高，所测得的偏转角度与广义相对论的预言值更加接近。

广义相对论认为，行星的绕日运动是由于太阳这个

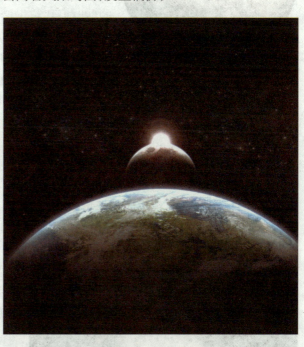

大质量物体的存在，使时空发生了弯曲，行星在弯曲的时空中做着自由运动——惯性运动，行星在时空中描出的虽然是曲线，但却是弯曲时空中最短的线。

当太阳被月球挡住了的时候就出现了日食。

在第一次世界大战中

法国天文学家勒威耶曾发现，水星每绕太阳公转一周，它离太阳最近的那一点的位置就有些改变，这种现象被称为"水星近日点进动"，水星每 100 年进动 5600 秒。科学家们在扣除了岁差和其他行星的影响后，仍有约 43 秒/100 年的进动无法解释，这个问题长期困扰着物理学界。后来，人们曾一度认为有一个未被发现的星体——"灶神星"存

⬆水星因为运行速度快而被命名为罗马神话中的信使墨丘利。

在，是它的引力才造成了这种现象，于是无数人忙着寻找那颗未被发现的"灶神星"。

而这43秒/100年的进动最终在广义相对论中找到了归宿。根据广义相对论的推算，行星的轨道本身就不是一个封闭的椭圆，它自己就会进动，水星的进动值正是43秒/100年。根本不存在的"灶神星"终于销声匿迹了。

1925年，爱因斯坦发表了另一篇论文《电子与广义相对论》。他用相对性原理推断出：任何一个质量为m、带电为e的基本粒子，都存在一个质量为m、带电为e的"反粒子"。爱因斯坦的这一预言非常接近一个重大发现的边缘，他差一点研究出了反物质，只是他没有再研究下去。

1930年，英国物理学家狄拉克结合狭义相对论与量子力学，推导出了反物质的存在。1932年，科学家在宇宙射线中发现了反物质。

在来到柏林后的5年中，爱因斯坦是独自度过的。经过长期分离生活之后，1919年2月，爱因斯坦和米列娃正式离婚了。后来，爱因斯坦的表妹埃尔萨走入了爱因斯坦的生活。1919年6月，他们走到了一起。埃尔萨给予了爱因斯坦来自家庭的最大支持。

1936年12月20日，埃尔萨在普林斯顿去世。埃尔萨死后，杜卡斯小姐成了他家的主持。爱因斯坦的家庭成员有：爱因斯坦、他的女儿玛路特和他的妹妹玛娅。的确，对于婚姻的感受，每一个人并不相同。爱因斯坦就认为自己的两次婚姻是不幸福的。

爱因斯坦定居柏林后不久，第一次世界大战就爆发了。德国的科学家们也卷入了战争的狂潮之中，他们为德国的侵略行径进

⬆爱因斯坦

行了公开辩护。93 个著名的科学家、艺术家在反动宣言《告文明世界书》上签了名。

爱因斯坦没有签名。他与其他三个和平主义者一起签署了一份《告欧洲人书》，号召所有欧洲人民团结起来争取和平。这也是爱因斯坦一生中签署的第一个政治宣言。

1914 年 11 月，爱因斯坦作为"新祖国联盟"的创始人之一，组织德国反战的知识分子为正义与和平工作。

第一次世界大战以德国的战败而告终。爱因斯坦又开始致力于德法、德俄人民之间的友好，为法、俄两国人民对德国人民达成谅解做出了不懈的努力。

但在德国，那些在第一次世界大战中不甘于失败的主战分子就趁机叫嚣起来，把失败归罪于所谓的"十一月罪人"的出卖。"十一月罪人"包括和平主义者、民主主义者和犹太人。在德国反动科学家眼中，爱因斯坦是当之无愧的"十一月罪人"，因为他既是和平主义者又是地道的犹太人。于是，他们假借着科学的名义对爱因斯坦进行恶意攻击。为此，他们成立了"德国自然哲学家研究小组"，它的唯一宗旨是中伤爱因斯坦和他的相对论。他们还列出了暗杀名单，爱因斯坦的名字就在其中。

战争并未从此消失。经过短暂的平静之后，20 世纪 30 年代，第二次世界大战又爆发了。爱因斯坦又同许多有良知的科学家、政治家一起签署了许多有关政治和人道主义的宣言，还同印度文学家泰戈尔、法国文学家罗曼·罗兰一起利用他们的国际声誉为和平而努力工作。

第一次世界大战期间，在比利时边境附近堑壕内的德军士兵。

在第二次世界大战中

　　犹太民族可以说是世界上最不幸的民族。公元前11世纪左右，他们曾在巴勒斯坦拥有幸福的家园。但是幸福没有持续多久，从公元前8世纪开始，他们的国家逐步分裂，后被其他国家吞并。此后，犹太人又遭到无情驱逐，被迫流浪于世界各地。几个世纪以来，犹太人不断受到其寄居国的排斥、迫害甚至杀戮。19世纪末，犹太资产阶级掀起犹太复国运动，号召犹太人从世界各地回到巴勒斯坦重建国家。

　　爱因斯坦来自一个纯粹的犹太人家庭，他认为人类应该是平等的。正因为这样，他同情犹太人的处境，支持犹太复国运动，他希望犹太人能像其他民族那样有自己的安居之地和生存、发展的权利。

　　1921年，为了给创建希伯来大学(犹太大学)筹集资金，爱因斯坦随同当时犹太复国运动的领导人之一魏茨曼前往美国，游说美国总统哈定。1924年，爱因斯坦正式成为柏林犹太人社团的成员。爱因斯坦在世界各国访问期间也在尽力为犹太复国运动奔走、呼吁。

▮1921年，爱因斯坦在访问美国时拍的照片。

　　1948年犹太民族终于又在巴勒斯坦建立了自己的国家—以色列国。1952年，为感谢爱因斯坦对犹太复国运动的支持和对犹太人的帮助，并且基于他令人敬重的国际声望，以色列国提名爱因斯坦担任第二任以色列总统。

　　但是，这一提名被爱因斯坦回绝了。他很清楚自己从未追逐过任何政治利益，他所做的一切仅仅出于一个出发点，那就是他的正直之心以及对人性完美和对人格平等的倡导。

　　1933年1月，希特勒出任德国总理。1939年9月，希特勒挑起第二次世界大战，使无数平民死于战火。希特勒宣扬极端的复仇主义和种族主义，实行法西斯专政，他对犹太人进行了残酷迫害。第二次世界大战时被德国法

西斯残杀的犹太人达 600 万。

作为在第一次世界大战中的反战知识分子和一名犹太人及犹太复国运动的支持者，爱因斯坦也在希特勒的迫害之列。9 月初，纳粹德国以 2 万马克悬赏爱因斯坦的头颅。幸好此时爱因斯坦不在德国，他正与埃尔萨对美国进行访问。从此，爱因斯坦夫妇被迫永远离开了德国，开始了流亡生活。

1933 年 10 月，爱因斯坦谢绝了英国、法国等国家的邀请，于 10 月 17 日抵达美国，定居于美国东部新泽西州的一个大学城——普林斯顿，应聘为高等学术研究院教授。

在这个远离战乱的地方，爱因斯坦得到了出乎意料的宁静，他又开始了他新的学术生涯。由于爱因斯坦一直渴望让世界远离战争，盼望在全世界范围内实现裁军，加之他令人瞩目的国际影响，这一切都使"政治"无法完全走出他的生活。

△ 纳粹首领希特勒

1939 年初，德国科学家哈恩和施特拉斯曼在柏林发现了铀的裂变，意大利物理学家费米和法国物理学家约里奥·居里也得到了与哈恩、施特拉斯曼同样的实验结果。这的确是一个可怕的发现，因为连续进行的铀裂变反应将导致原子弹爆炸。

而且糟糕的是，德国拥有众多的忠实于纳粹的科学家，他们已经掌握了铀的链式反应理论，而且，他们夺得了捷克的铀，手中掌握了丰富的制造原子弹的材料，所以，德国很可能抢先制造出原子弹！

不安的科学家们行动起来了。费米向美国海军部报告了他的研究情况，但未引起官方的任何注意。西拉德等美国科学家们开始求助于爱因斯坦。

经过慎重考虑，1939 年 8 月 2 日，爱因斯坦上书美国总统罗斯福，告之原子弹的危害，建议美国政府加紧原子能研究，以预防德国抢先研制后对世界造成无法估量的破坏。还有一些著名科学家也签了名。

△ 国际联盟知识界合作委员会会议。

↑ 美军飞行员在日本广岛投弹后从轰炸机上拍下来的原子弹爆炸时升起的蘑菇云。

1945 年 3 月，又是为了原子弹问题，西拉德再次拜访爱因斯坦，他带来了一个消息：美国的原子弹即将制造成功。同时他也带来了科学家们的忧虑：政府将如何使用原子弹？他们共同担心着一个国家的命运，那就是日本。因为从 1942 年起，德国纳粹的失败已成定局，而日本的武力正在亚洲肆虐，1941 年末，日本还挑起了对美国的战争。

又一封信放到了罗斯福总统的办公桌上，信中表达了爱因斯坦等科学家对使用原子弹的忧虑，他们恳请美国政府尽力避免用原子弹轰炸别的国家。然而，这封信尚未被批阅，罗斯福就突然逝世了。

1945 年 8 月 6 日，美国第一颗铀炸弹投向了广岛；8 月 9 日，第二枚钚炸弹投到了长崎。于是，千万个太阳升起来了，因为两颗原子弹释放的光和热胜于千万个太阳，将广岛和长崎烤成焦土。在这蘑菇云下，千万个生命瞬间消失了。随着原子弹的爆炸，日本宣布无条件投降，第二次世界大战结束了。

爱因斯坦陷入了深深的痛苦之中，他清醒地意识到，假如原子弹落入"孩童"之手，那么后果将不堪设想。1945 年 12 月 10 日，在纽约为纪念诺贝尔而举办的宴会上，爱因斯坦发表了著名的讲话《战争已经胜利了，但是和平还没有取得》。在讲话中，他提出了一个发人深省的口号：把原子弹的秘密交给一个世界政府看管，以便永远结束国家之间的可怕纷争。他还极力倡导将原子能进行和平利用，造福人类。

在量子学中统一场论

爱因斯坦将 200 年来争论不休的关于光的微粒说与波动说统一起来的时候，首次提出了光量子的概念，这极大地推动了物理学领域的新学科——量子力学的诞生。量子力学发展了普朗克的量子论。

量子力学的建立大大促进了原子物理、固体物理和原子核物理等学科的发展,并标志着人们对客观规律的认识从宏观世界深入到了微观世界。量子力学是研究微观粒子运动的规律的。继爱因斯坦对量子力学的这次推动之后,海森堡、玻尔等人使量子力学逐步发展起来,并成为现代物理学的理论基础之一。

从1926年开始,爱因斯坦与玻尔的哥本哈根学派进行了长达20余年的学术之争。这个学派研究新的理论——量子力学。量子力学理论涉及一些新的见解,如海森堡的测不准原理(或称不确定关系)。该原理认为运动中粒子的位置和速度不能同时确定,时间与能量也不能同时确定。

爱因斯坦不完全接受哥本哈根学派的量子学理论,如玻尔的原子模型、海森堡的测不准原理、波恩的波动理论等。他尤其不满于测不准原理。与哥本哈根学派的学术之争在多年以后仍无结果,爱因斯坦针对测不准原理无可奈何地说:"上帝是不掷骰子的。"

⬆ 爱因斯坦(左)和丹麦物理学家玻尔。

量子力学是由普朗克、爱因斯坦、玻尔等共同创立的,爱因斯坦也对量子力学的发展起到了非常大的推动作用。他获得的诺贝尔奖也是关于量子力学的。爱因斯坦与玻尔长达20年的争论是纯粹学术上的争论。首先,这场争论澄清了许多概念性的理论,其次,它使量子力学体系更加完美。

爱因斯坦从20世纪20年代起直到晚年一直致力于统一场论的研究。他试图将引力、电磁力和其他各种力及能量包容在一个统一的理论和方程组之中。1917年,爱因斯坦完成了一篇《根据广义相对论对宇宙学所作的考查》的论文。论文中,爱因斯坦对宇宙进行了研究,提出一个人们意想不到的宇宙模型——一个均匀的、各向同性的静态宇宙。

⬇ 丰富多彩的宇宙

爱因斯坦的宇宙模型向我们描述了这样一个宇宙:宇宙空间的物质是均匀

分布的，宇宙不随时间变化而变化，而且宇宙如一个球面一样，是有限而无边界的。

几年之后，苏联数学家弗利德曼，应用广义相对论方程，得到另一个宇宙模型，这个宇宙模型也是均匀的，各向同性的，但却是动态的。

爱因斯坦的理想在他的有生之年并没有实现。继爱因斯坦之后，科学家们继续着他的事业，在 20 世纪 60 年代他们完成了电磁场和弱相互作用场的统一。

平凡中的伟大

爱因斯坦晚年生活中的好朋友是一位十来岁的小女孩，她是爱因斯坦邻居的孩子。每天放学后，小女孩总是跑到爱因斯坦家里去玩，他辅导她做算术题，而她带来小甜饼给爱因斯坦。

如果我们以一个完人的标准来对爱因斯坦求全责备，我们会发现爱因斯坦的不足，比如他的成就都是他孤军奋战的结果，一生中没有培养出优秀的接班人。还有，他的不拘小节，不修边幅。正像历史上的所有伟人一样，爱因斯坦不是一个完美的伟人。

爱因斯坦在普林斯顿交了许多的好朋友，很多是可爱的小朋友。

爱因斯坦相对论的创立使他成为最伟大的物理学家，但遗憾的是相对论却因未被所有的科学家理解和接受而未使他以此获取诺贝尔奖。1921 年，瑞典皇家科学院为慎重起见将诺贝尔奖授予了他早年关于光电效应的研究——《有关光的产生和转化的一个试探性观点》。但除了这一枚诺贝尔奖奖章外，爱因斯坦在狭义相对论、广义相对论、关于布朗运动的论文《分子热运动论所要求的平静液体中悬浮粒子的运动》

↑ 爱因斯坦的晚年生活。

（1908 年，法国物理学家琼·佩兰因为对这个领域的研究而荣获 1926 年诺贝尔奖），以及关于质量与能量关系的理论——$E=mc^2$（它统一了能量守恒定律和质量守恒定律，揭示了核能的存在）等 4 个方面的成果，任何一项都对物理学产生了巨大影响。

爱因斯坦的思想是那个时代无人能及的。现在的许多理论都源于他伟大的相对论和其他领域的研究。例如激光，它的理论来源是爱因斯坦对于光的性质的研究和关于光子能量的公式 $E=h\gamma$。又例如黑洞、白洞等天体，爱因斯坦最早在广义相对论中对它们进行了科学预言。现在广义相对论已成为宇宙研究的基础理论。

1955 年 4 月 18 日凌晨，爱因斯坦在普林斯顿去世，悼文和讣告占据了世界各大报刊的大量版面。然而，我们无法按照世俗的仪式来悼念他，因为他没有墓地，没有纪念馆。正如他在遗嘱中嘱托的："除了我的科学理想和社会理想，我的一切都将随我一起死去。"

↑ 爱因斯坦在普林斯顿的铜像。

大 事 年 表

1879 年	3 月 14 日,爱因斯坦出生于德国乌尔姆市。
1895 年	前往意大利与家人团聚。
1900 年	秋,毕业于苏黎世联邦工业大学。
1902 年	完成论文《狭义相对论》。
1903 年	与米列娃结婚。
1905 年	完成论文《论运动媒质的电动力学》。
1916 年	发表总结性论文《广义相对论基础》《关于辐射的量子理论》。
1919 年	同米列娃离婚。与埃尔萨结婚。
1921 年	被授予诺贝尔物理学奖。
1933 年	定居美国。
1939 年	上书罗斯福,建议抓紧原子能研究。
1952 年	拒绝担任第二任以色列总统。
1955 年	4 月 18 日,因病去世。